证券分析暨技术面研究，又一次革命式颠覆

量价解密

股市动力系统与走势结合分类分析

LIANGJIAJIEMI
GUSHIDONGLIXITONG**YU**ZOUSHIJIEHEFENLEIFENXI

余井强 著

LIANGJIAJIEMI

余井强 最新力作

- 创新发展了"量价时空"四大技术基础要素，梳理衍生出更完善、系统、创新的量价结合分析与运用理论。
- 为市场中非典型图形变化情况提供了方法论和应对策略。
- 能对市场有更客观、准确的认识，如市场是个分类系统，针对某一案例的实际情况，进行精细化的量价结合分类分析，制定相应精准化的操作策略。
- 认清市场运作规律，即认清主力玩家运作规律。

经济管理出版社
ECONOMY & MANAGEMENT PUBLISHING HOUSE

图书在版编目（CIP）数据

量价解密——股市动力系统与走势结合分类分析 / 余井强著. —北京：经济管理出版社，
2018.3

ISBN 978-7-5096-5698-3

Ⅰ.①量… Ⅱ.①余… Ⅲ.①物理学—应用—股票交易—研究 Ⅳ.①F830.91

中国版本图书馆 CIP 数据核字（2018）第 053096 号

组稿编辑：杨国强
责任编辑：杨国强　张瑞军
责任印制：黄章平
责任校对：董杉珊

出版发行：经济管理出版社
　　　　　（北京市海淀区北蜂窝 8 号中雅大厦 A 座 11 层　100038）
网　　址：www. E-mp. com. cn
电　　话：（010）51915602
印　　刷：三河市延风印装有限公司
经　　销：新华书店
开　　本：720mm×1000mm/16
印　　张：11.5
字　　数：168 千字
版　　次：2018 年 6 月第 1 版　2018 年 6 月第 1 次印刷
书　　号：ISBN 978-7-5096-5698-3
定　　价：38.00 元

前　言

一、为什么写这本书

截至目前，在我的创作历程中，主要创作了《解缠论》系列，以及利用多学科知识解释股市演变规律、揭示市场运动本质的《涨跌真相——股市力学原理与投资哲学三论》一书。

有了这些缘起，就必然产生诸多的纠葛和问题。也正因为如此，一些细心的读者朋友问我："老师，《解缠论》系列中为何不提及成交量这个要素呢？好像更加偏向于形态学和走势规律的研究，貌似忽略了成交量这个非常关键的要素？"

实则不然，在《解缠论》系列中，我并非没有提及成交量这个要素，而是提及了另一个非常重要的概念——它更偏向于实用，那就是"背离理论"。背离理论是结合走势完整性，尤其是对走势拐点作研判运用时的重要工具之一。对其使用方法，表面上看是观察 MACD 指标和走势方向是否趋同而作为其研判标准，实质上它和成交量要素之间有着某种重要的关联，具体二者之间究竟有怎样的关联性？我们将代入几个概念进行回答。

（一）股市动力系统

1. 缠论之动力学

众所周知，在"缠论"原博文中，原作者曾构想出了"缠论"的框架，提及了形态学和动力学。通过细细研读发现，形态学占据了大部分内容，动力学知识却寥寥数语，甚至找寻不到。这无疑给诸多学习者、研究者们留下一个遗憾。面对这个空缺，笔者再一次冒天下之大不韪，希图构架出股市动力学的理论及运用体系的框架。

虽然这个志向和目标定下来了，可是落实到具体的分析、观察、思考、研究与践行工作中，才刚刚开始。毕竟在我们的研究工作之中，要将动力学系统的构架讲清楚，将其理论逻辑理顺，使其更加适用和实用，还需要开展大量的准备工作。为此，我们不敢怠慢和马虎，务必用更加严谨、认真的态度去对待这个课题。

那么，何为动力学呢？

动力学，本是力学的一部分，是研究物体机械运动状态变化与外力关系的一门学科。对宏观物体的低速运动，它的基本理论是牛顿运动理论；对宏观物体的近光速运动，要用相对论力学研究；而对微观粒子的运动，则要用量子力学研究。不仅如此，我们还了解到，动力学是理论力学的一个分支学科，它主要研究作用于物体的力与物体运动的关系，其研究对象是运动速度远小于光速的宏观物体。

在将物理学知识和股市系统结合后，我们发现，股市系统中股价运动规律也符合动力学理论的描述。只不过股市动力学研究的是作用于股市（股价）的力与股市（股价）运动的关系。基于此，便产生出两个问题：一个是"作用于股市（股价）之力，源于何方"；另一个是"这个作用力与股价运动又有怎样的影响和关系"。

为了回答这两个问题，我们应做一番周详的思考和研究。为此得出几个要点，也许能够帮我们从侧面回答这两个问题。假如通过几个要点的探讨能够回答这两个问题，那么，我们再回到本节题目，我想"缠论"所讲的动力学，也莫过如此吧！

2. 从成交量到动力学的转化

要回答前面的第一个问题，我们应首先意识到，作用于股市（股价）运动之力，其实源于成交量这个要素，不过仅靠这个要素是难以解释清楚我们实际运用中所需要的答案。所以，我们必须要做些事，比如将成交量要素进行转化与"翻译"。否则，单纯的成交量要素有时很难给我们提供更多有意义的信息与帮助。但是，在做了转化和"翻译"后，许多事情就好办了。

那么，成交量要素如何转化与"翻译"呢？

关于成交量，已经有很多不同的描述，如量能、能量、力道等概念——这些新的概念并没有什么特别神秘之处，因为它们实际上相对比较直观简单，仅用来描述成交量与股市之力二者之间关系的——或许存在某种创新式的表述而已。但是，我们所说的动力学中力的概念，是成交量要素更为直观的转化与表述——具体在本书的后面章节中将展开详细的介绍。

即使如此，对前一个问题的答案我们找到了。即股市之力是源于买卖双方进行交易所产生的成交量要素得来，成交量多少即交易数量的多少，亦即多空双方博弈时所投入之力大小。广义点说，市场中每一位参与者，尤其是直接参与了买卖的交易者，就是股市力之源头所在。按照力性质划分，主要分为买进做多之力和卖出做空之力。二者在市场中持续博弈较量，最终由胜利者决定股市（股价）未来走向。至于如何影响股市（股价）运动，多空二力之间存在着怎样互为影响的关系？对这些问题的回答，我们还需继续进行下去。

在物理学中，有这样的描述，只要是受到力的作用的任何物体，无论是宏观的物体，还是微观的物质，都会有某种行为痕迹和规律特性显现出来。在股市系统里，同样也是存在某种股价运动痕迹和规律特性。不仅如此，如果进一步深入下去的话，我们还应像物理学家和数学家所干的工作那样，继续对股价在由时间和价格空间所构成的坐标轴上运动时表现的规律特性展开研究。

可喜的是，这种研究工作在股市中似乎要简单、容易许多，因为我们发现，力作用于股价上，其具体会表现在价格走势和成交量上——我们在对前者做深入研究后，构架出了形态学及走势完整性的规律特征，或者说，走势完整完成时，在形态构造和走势结构上所具有的规律特性。而后者，则在帮我们验证走势完整完成和拐点出现时，具有关键性的提示、确认及验证之用。

当我们有了价格与成交量两个要素后，就可以对作用于股价上的力，与股价运动的影响及关系等问题进行回答。换句话说，对作用股价之力与股价运动的关系的研究，实质上是对股市动力系统与走势形态相结合等情况展开的研究。如再做进一步延伸的话，就回到了本书主题。本书实质上是研究股市动力学（成交量）与走势（形态学）结合的分类分析的原理和运用之法。假如在此研究过程中，我们有幸找到了这个问题的答案，那么，也就解释了所谓量价二者之间所存在的秘密。

（二）股市动力系统与走势形态之间的关系

将成交量要素做了转化和"翻译"后，我们大致了解到，成交量是股市之力的源头，它决定了股价走势涨跌的性质、走势构造的结构以及走势的形态等状况。例如，多空二力博弈时，获胜者将决定走势的性质和运作方向，而形成的拐点也是二者博弈最终形成的临界点。接下来，当股价朝着新的方向运作时，无论是涨还是跌，都会构造新的走势结构，这样的构造结构在形态学中，我们将其归纳为笔、分型、段、中枢及趋势五个元素——每一个元素都存在终将构造完整的特性。至于最终获胜之力的性质，能够构造出怎样的形态元素、走势结构及空间程度，这将取决于力之大小和由能量所决定。也就是说，通过转化和"翻译"后的成交量元素，即所谓股市动力系统，可以帮助我们研判走势性质转折的时机，其间获胜者之力和能量大小将决定新的走势结构和形态的最终状态。

不仅如此，我们通过对走势形态、走势结构、走势节奏等研究后，发现走势具有终将完整完成的规律特性。至于走势完整特性究竟是怎样的？又具有怎样的实用性？则是《解缠论》系列书籍所讲述和介绍的。承前启后，我们重点探讨在结合动力系统之成交量的要素后，如何加强对走势完整性和拐点的研判之法的成功概率。所以，成交量要素成为本书探讨之重点。

（三）动力系统与背离理论的关系

对股市动力系统与走势之间关系的研究，实质上是对股市成交量中所谓量能、能量、力道等动力系统概念，与股价走势之间的关系的研究——这正如上文所述。但是，对于二者之间的关系，除了如上所述之外，我们还知道了一点，即走势完整完成的构造特性与力之演变过程、直至衰竭存在很大关联特性。基本上可以断言，某种性质力演变到衰竭的过程，就是某性质走势构造到完整完成的全过程。也就是说，力之衰竭就是旧的走势完成之时，而衰竭点就是转折拐点。于是，新的问题就是，某性质之力衰竭时如何决断？某性质走势完成和拐点出现时，又具有怎样的规律特性呢？又该如何研判？而且这几个问题具体反映到价格走势和成交量这两个要素身上时，又会具有怎样的演变特征与规律呢？实际运用中又该怎样研判呢？综合以上，我们在将走势和量能二要素结合起来时，则必须要借用一个关键性的概念，也就是所谓的"背离理论"。

背离理论，我们在实际运用之中，以为它不过是个实用性的工具而已。其实，它是对股市动力系统演变特征与规律进行客观描述的一套方法论。而我们借用这种规律特性，找到它的实用之法，并且在将其与走势结合起来时，能够起到辅助研判、确认走势完整性与否，及关键拐点之用。基于此，我们可以做这样的判定，某性质主导的走势完整完成构造和拐点出现时，就是背离出现之时，而背离的特征就是旧走势完整完成、向新走势展开构造的开始。动力系统中某性质之力主导股价展开新的走势构造，直至力道渐趋衰竭之时，当前走势的构造必将完成，于是未来随时会出现走势的转折与拐点。

也正基于此，在实际运用中，背离理论被许多市场运用者们片面化、矮化甚至曲解了。他们认为，背离理论就是单纯研判走势发生转折，而且是重大转折的研判依据，例如，但凡观察到指标与走势方向背离时，就认定走势一定会发生重大转折，并且将此视作为唯一甚至绝对的研判依据。对这些片面的理解、看法和用法，我们不敢苟同，因为在通过结合背离理论与股市动力系统的关系探讨后，我们发现，这不是所谓背离理论的本质和准确意义所在。背离理论的本质实际上是对主导价格走势的力，由开始到衰竭的全程的揭示。当然，这里所指的力，是指股市动力系统的要素，而非简单的成交量要素。因此，这里还有一点需要特别澄清一下，就是所谓的量价背离的问题。

量价背离，自然是隶属于背离理论范畴中某一个重要的研判工具。不过，基于仅看成交量与股价的关系，有时候还是难以完整、通透地看清楚，是否有背离的出现？毕竟背离本质总是更为直观、直接，又精准。而量价背离，仍旧是以表面的分析方法和传统的思维方式来看待、理解和研判走势是否完整完成的一套方法。话说到此，应当明白，我们所谓的背离理论与动力系统的关系，实际上是通过对成交量进行转化后的概念——动力系统概念之一，用以揭示股市走势完成构造和发生转折的本质原因所在，亦即背离理论的本质所在。而并非简单地认为，所谓的量价背离就是背离理论表现特性之一，其实二者之间还存在一定的差异与差距。

回到本文开始所提出的问题，动力系统（成交量）与背离理论之间究竟存在怎样的关系？通过上面的讲解，我们已经对此关系做了交代，至少已经解释清楚了什么是背离理论？同时还使我们明白，背离理论的本质与动力系统有关，而动力系统不过是成交量转化后的新概念而已。

于是，综合以上，背离理论和成交量存在着某种间接的关系，只不过这层关系还需要做一下转化和"翻译"而已。至于具体细节详见后面章节。

（四）量价解密究竟解的什么秘

通过前文对股市动力系统的由来和定义的讲解，读者关心的《解缠论》系列书籍中为何不提及成交量要素的困惑，成交量如何转化为动力系统？动力系统又如何与走势、背离理论之间形成关联？——对这些问题逐一的探讨，我们基本上可以回答"为什么要写这本书"的原因了。

原来，股市动力学本质上仍是由成交量这个要素转化和"翻译"而来。背离理论的本质是对股市动力学本质的根本揭示。《解缠论》并非没有提及"成交量"这个重要的要素。"缠论"所谓的动力学，也许是本书中所在探讨的系列问题与试图寻找的答案。这些系列问题或许是股市动力学理论框架和范畴中的重要内容，而它们又离不开成交量这个要素。既然如此，成交量这个要素就显得非常关键与重要。那么写作这本书，用相当部分章节探讨它的相关知识点，是非常有必要的。这样做可以帮助我们回答甚至解决实际运用之中许多难以解答和处理的问题。当我们在将其（指成交量要素）与价格要素结合起来之后，那更是将市场的本质和真相做出了较为完整、全面的解释，或者还原了。至于这个真相的本质究竟是什么？背后隐藏着怎样的秘密？这是这本书中所要探寻的答案和揭示的秘密。

另外，通过本书的副题，即"股市动力系统与走势结合的分类分析法"，是否可以说，对股市动力系统与走势结合之分类分析的研究与探讨，就是对量价秘密的揭示呢？这里的关键词是结合，当然不仅有结合，还有分类分析这组词——似乎更为关键。

"结合"二字容易理解，可是何为分类分析却是有些复杂难懂。但只要阅读完全书，我想答案定然是毋庸置疑、概莫如是的。只是，要回答以上这几个问题，我们先将副题中的问题讨论清楚。因为我们坚信，讨论清楚了这个，就必然能够揭示出量价的秘密——其实，只要能够回答清楚了量价的秘密，也就能回答写作本书的原因。

二、本书能给读者带来些什么

本书仍旧停留在技术分析理论及运用方法的层面，只不过是从笔者原先所重视的走势和形态学理论及应用的研究，开始向成交量要素研究，以及将走势和成交量两个要素相结合的分析、运用研究的转化和升级。所以，本书会涵盖成交量与价格的基础知识、传统的量价结合分析知识，还有由成交量向股市量能、能量、力道等动力系统概念转化等知识，同时，还包括了由此关联到的成交量与走势相结合的分类分析原理及用法等知识。为了讲解清楚这些知识点，必然要列举多个案例进行例证。当我们做完这一切后，定会使阅读本书的读者、学习者们，大饱眼福和脑洞顿开。

于是，归纳起来，本书的风格特色为：由浅入深、传统和创新相兼顾。基于此，该书适合所有层面的读者和学习者，只要你是股市中的一名参与者即可。

对于初级学者，通过阅读此书能够学习和掌握到传统的量价结合分析知识。

对于中级程度学习者，可以了解和掌握到，为何要将成交量转化为全新的动力系统的概念，以及做出这样的转化后的实用之处在哪里。

至于高级学习者，可以通过由我们归纳总结出来的量价结合分类分析法，即所谓的分类分析原理和用法，准确地理解市场演变规律与量价结合分析的"真相"，从而提高我们实际操作中的胜算。

最后，对于境界级别的读者、学习者，既可以通过此书弥补因为"缠论"所留下的空缺而造成的缺憾感，又可以借此继续顿悟投资之道和不败之法。

综合以上介绍，针对全书内容，本书做出如下章节安排。

三、本书章节安排

为了帮助阅读和学习本书的人能够尽快掌握本书的核心主旨观点和关键知识点，第一章对全书的主题与核心观点做概述性介绍。究竟本书核心主题和观点是什么，可以在第一章先睹为快。

在真正开展量价分类分析法讲解之前，我们仍旧事先遵循传统路径的做法，分别对由价格要素构成的走势和形态学知识，与由成交量要素转化的动力学知识，以及将量价二者相结合分析的知识——包括传统量价分析与现代量价分类分析知识——详细介绍。具体这些知识点里包括了哪些重要的内容，请阅读第二章"量价相关知识"。

本书名为《量价解密》，副标题为"股市动力系统与走势结合分类分析"，做这样的安排和设定，是通过量价结合分类分析，即副标题中的"股市动力系统与走势结合分类分析法"的讲解，找到量价之间的秘密。通过这个秘密，从而为我们的实际运用提供更加实用、有效及精准的研判和指导。当然，在达到这个目的之前，先要对量价结合分类分析的原理进行讲解。于是，有了第三章。欲要理解和掌握该原理，可去阅读该章。

在股市动力学系统中包括能量、量能及力道等概念，其中尤以力道概念在与走势结合进行描述时，最为形象和直接，而且最为关键的是，走势与力道结合是对典型情况的揭示，并且能够较为直观、形象地揭示出走势衰竭的过程和本质原因所在。对此的具体描述和解析，详见第四章内容。

通过本书前面几个章节的介绍，我们已经了解到量价基础知识，量价结合分类分析原理知识，以及股市动力系统与走势结合典型情况下的分类解析知识，接下来，我们将概述量价分类分析的功能。因为只有了解和掌握了这些功能，才不枉费我们前面所做的付出与努力。具体这些功能会有哪些，详见第五章。

用传统的思维方式理解量价结合分析方法，多半只会停留在以一名普通投资者的视角和立场作为出发点，但是，市场却是复杂难懂的，用普通投资者的思维方式去学习、理解和掌握量价结合分类分析方法，无法做到真正了解市场本质和真相的，这也不是掌握量价分类分析法之后对其最佳功能的运用。我们应该先跳出这个狭隘与固化了的思维怪圈，应该意识到，所谓的量价分类分析法，实质上是对市场运行和演变的规律特征的揭示。而对这个规律的揭示，是其最大意义和价值所在，至少，有时候可以等同于，对所谓"主力"玩法的揭秘。欲知详情，请阅读本书第六章。

目 录

第一章 >>>

量价分类分析概述

一、传统量价结合分析主要观点概述

美国著名投资家格兰维尔有句经典观点："成交量是股票的元气，而股价是成交量的反映罢了，成交量的变化是股价变化的前兆。"此话也算是最为权威和经典的对股价分析方法的概括，并且可以简述为四个字——"量为价先"。成交量作为"量价时空"中四个基本要素之一，其功用和意义先于并强于价格形态和走势的提示意义。

另一位投资家格列高丽·莫里斯有句经典名言："离开了成交量谈形态，这不是真正的技术分析！"此话无疑是在强调量价结合分析研判的重要性，至少认为成交量的作用绝不可忽视。甚至认为"孤立形态很少有真正的信号价值！"

根据两位大师主张观点，就传统与经典的量价结合分析方法而言，成交量在实际交易中的作用与地位是绝对不可忽视的，甚至成交量要素在某些关键时刻，对任意走势结构的完整完成、趋势转折拐点的研判与验证，具有不可替代的功用。这也是传统量价分析方法之所以受到广泛的认可与理解的主要原因所在。哪怕一直以来，它只是一种较为宏观和粗放式的分析研判方法。如果提及更为精细化、精准化与量化的分析方法的话，那么非属量价分类分析方法莫属。

二、传统和经典量价结合分析法存在某些弊端

基于股市投资越发讲究精细化、精准化及量化分析，所以传统或经典的技术分析方法，包括传统量价结合分析法，已并不能适应市场所有的变化情况。这也是本书自始至终在解释和解决的问题所在。按照我们的认识和理解，市场本质上是一个分类系统，以前我们研究价格形态和走势时，发现走势具有分类特性，现在我们又发现，不仅仅走势具有这样分类特性，成交量要素同样也具有这样的分类特性。同时，量价结合起来，也具有分类特征。正是因为市场具有这种分类特性，所以，过于粗放和宏观的分析方法，断然是难以应付市场中所有变化情况的。

再者，经典量价结合分析有时候也只是提炼出了市场中较为典型的某一分类情形，可是对于市场中客观且广泛存在的非典型特征的情形，又该如何处理和应对呢？这是经典技术分析理论，包括经典量价分析理论难以做出回答的。

这或许就成了经典量价分析理论最大的弊端所在，长久以来，在国内外诸多市场理论和实际运用人士中，也鲜有人能够对此做出精准的解释和回答。

此外，在传统量价结合分析理论中，包括某些位理论大师所主张的观点中，还存在一些不成熟、似是而非的主张。譬如量与价二者之间关系的争论中，有人总是强调量比价先，或者价比量先。换句话说，认为成交量要素比价格要素更加重要，或者后者比前者更加重要。但在本书中，针对量价二者关系，笔者提出了自己的观点与主张，更加偏向于二者互相影响和作用的关系。同时，根据量价结合分类分析的主张可知，对量价二要素结合起来的分类情形的精确定位和精准分析话，将决定我们实际运用中取胜的概率性。如此说来，量与价二要素同等重要，并无孰先孰后之分。如此说来，传统或经典量价分析主张其中之一更重要，或者更先于另一个的主张，是不够客观和准确的。

三、转化到量价结合分类分析法的必要性

结合上面已经提及到的，量价结合分类分析法是更为量化和精细、精准化的分析方法，能够很好地弥补传统或经典量价结合分析法的弊端。何况在经典量价结合分析中，我们只是看到了理论对市场中经典的情况的描述和指导，而非对整个市场系统下全部情况的完整表述和指导。是我们在本书中所主张的量价结合分类分析法中，对于非典型的市场的表现情况，也能够找到应对之法，至少能够找到理论上的指导方法。

不仅如此，在传统技术分析法中，并无价格形态和走势之成熟、完善的定义与表述。但在我们前著中，价格形态和走势的定义已经有了，同时，我们还进一步发展衍生出了走势分类特性与分析法。更进一层，在本书中，我们又发展出了量价结合分类分析之法，这更是对传统和经典量价结合分析法，做了更进一步的发展和完善。即使有时候还不能马上指导实用，但量价结合分类分析的思想性，影响更加深远，更加值得重视。

再者，如何理解和认识市场和投资，将会影响我们对技术分析方法的认识和定位。传统技术分析法的创立者们，不排除只是认识了市场中典型特点的情况，并将其提炼和描述出来，继而将其当作所谓市场演变规律。但是，量价分类分析法认为，市场是一个分类系统，它包括了典型和非典型的全部情况，即使是非典型情况出现，同样应该精确寻找和定位出应对方法，做出尽可能精准的研判结论。但在此之前，当我们对市场的认识停留在旧有层次时，哪怕掌握了某种量价分析方法，可是面对某种非典型的情况时却束手无策，不知如何是好？

除此之外，传统量价分析方法，对量价的分析只停留在过去历史走势和量能状态之下，与静态分析的层面——利用历史数据分析结论来推导未来结果，在逻辑上自然存在某种合理性。可是众所周知，市场是一个时刻变化的场所，定量分析不足以应付所有情况，更不可能对未来情况做出准确的预判，所以，传统量价分析存在问题。但量价分类分析呢？

在思想性上，主张加进变量分析，可定性为动态分析法。这一点从本书副标题即可体现出来——股市动力系统与走势结合分类分析，其中所谓的动力系统是指对成交量要素的发展衍生概念的表述，即包括了量能、能量及力道等概念，这些概率不是简单的静态分析概念，而是动态的。这也非常符合分类分析原理和思想性的体现——根据市场实际变化情况，包括走势和成交量二要素实际的变化情况，还有将二者结合起来时的实际变化情况，做出了与之相应的操作策略和应对方法。

综合以上几点概述，将量价分析方法，实现由传统分析法向分类分析法的发展、过渡与转化是非常有必要的。何况在做出了这样的转化后，具有了以下一些意义和价值。

首先，对市场和投资的认识与理解，将会更加完整和准确。

其次，面对复杂多变的市场能够做出更为正确的反应和应对之法。

再次，根据对量价分类分析法的学习与掌握，能够更加精细、精确化地制定准确的操作策略。

最后，能够解密量价二要素更大实用价值和意义。

四、量价结合分类分析法原理概述

关于成交量与走势变化规律共有三大亘古不变的特征：

（1）最为直观的变化特征：上涨走势，成交量逐渐增长；下跌走势，成交量逐渐萎缩。

（2）上涨趋势中各阶段量能变化规律：假如一个上涨趋势有三轮涨跌起伏的话，那么其中第二阶段所对应量能，从整体看往往比第一阶段要大，而第三阶段整体看，量能比第二阶段大（至于量价背离特性则多见次小级别走势中）。至于下跌趋势中，则刚好相反。

（3）每个走势阶段内部的次小级别中量能变化特征：如果在次小级别走势中，后一阶段的量能明显比前一阶段小，那么，主级别走势多半会出现走势转折。无论是临时转折（小调整），还是趋势的反转（大级别调整），均是如此。而且此种情况越是出现在主级别第三轮（次小级别中）

时，则趋势的末端时往往会形成走势的转折。

但是，我们对量价结合分析方法的探讨研究工作远不止如此，尤其是在进入量价结合分类分析的课题研究之后，更是如此。

其实，对量价结合分类分析，相对完整的表述是，股市动力系统与走势相结合的分类分析。成交量隶属于股市动力系统要素，价格即走势，二者结合所表现出来的分类特征，亦即量价最大的秘密所在。

我们对量价结合分类分析展开揭秘，就是破解市场分类系统是怎么一回事，然后根据这种分类分析法，探寻到某种精确化、精准化的应用方法，以此应对实际市场中任意一个变化情况。那么，量价解密究竟解的是什么呢？

在后面相关章节中，我们做了相应的探讨，发现量价二要素之间存在的分类特性。我们首先以价格构成的走势作为切入点，因为我们已经知道了形态学中各个走势元素客观存在的分类特性，即形态学的分型、段、中枢、趋势等元素，均具有分类特性，从而由此，我们推演出各个元素存在的走势类型，所对应的成交量要素必然也会具有分类特性。不仅如此，走势除了分为不同元素，元素又各分为不同类型外，在同一个趋势构造过程中，走势还分为不同构造阶段和不同的走势结构及构造形态，而每一个阶段的走势结果、形态等所对应的量能情况也具有分类特性。至于具体如何根据实际情况具体分类分析，然后制定出相应的操作策略，这是我们所谓的分类分析法原理所在。我们在本书后面章节中，列举诸多案例进行详细解析。

也就是说，对以上量价结合的分类分析法的解析，就是在解密量价二要素，探寻更加精准、精细的操作方法。

五、量价结合分类分析功能与意义概述

在技术分析维度，量价结合分析无疑是最为完整、实用和正确的方法论。本书本着量价结合分析的主题研究出发，同时发展出了量价结合的分类分析研究主题，即笔者创作本书的目的所在，展开说来，其出发

点有以下几点：

（1）准确理解并掌握何为量价结合的分类分析法；

（2）通过对比传统量价分析法，发现量价结合分类分析法的优势之处；

（3）更加清晰完整与系统地解析出量价结合分类分析的运用原理；

（4）掌握量价结合分类分析的细分功能。有关细分功能还包括：

①验证任一走势或趋势是否完整完成；

②通用于大盘与个股走势研判，也适合所有金融类交易品种；

③各种长中短交易策略或交易风格的重要参考与验证工具；

④搜寻黑马的捷径；

⑤操作涨停板品种的最佳方法；

⑥探秘主力手法的关键要点。

六、我们为什么如此热衷于对市场规律的寻找与探究

笔者之所以如此热衷于对股市演变规律的寻找与探究，其原因正如当下国内某位著名经济学家著作中所言："渴望洞悉内在规律，找到统一理论，解释全部经济现象，从而准确地预测未来，尽可能多地解释真实世界的现象，是人类心灵和思维的内在需求，是所有研究者们梦寐以求的高远理想。"

同时著作中还复述了经济学史上一些重要人物和观点，例如，对亚当·斯密《国富论》中的看法，提到如下："'看不见的手'的原理，的确概括了尽可能多的人类基本特征，至少从表面上看，覆盖的事物和现象足够多、应用范围足够广。由'看不见的手'进一步深化和细化了'人性自私假说'和'效用最大化原理'。"

又如，在对凯恩斯和货币学理论点评中，提道："强调货币和金融市场的极端重要性，强调预期和不确定性的极端重要性，是凯恩斯最具洞察力的深刻见解。他从预期和不确定性角度出发，深入分析货币与金融的本质功能，以及货币和金融市场的运行规律，对实体经济活动的动态过程几乎没有涉及。"

同时，对经济学发展变迁，所谓经济学观点、模型等做了简单评述，具体如下："概而言之，一切经济模型，若追溯根源，皆要回归人类经济行为的本质。经济分析模型对错之分，高下之别，即看该模型是否抓住了人类经济行为的本质，或本质特征的某一方面（某个角度）。马歇尔说得好，经济学一切概念、术语或模型，皆是我们洞察经济本质的不同角度。角度是否精彩，洞察是否精彩，洞察是否深刻，决定了理论模型的能否流芳百世，经世致用。"

每每阅读前辈之著作，尤其是在读到鞭辟入里和精华之处，总是有醍醐灌顶之感，全身自上而下仿似有一股热流在体内不停穿梭、沸腾着。虽然研究主题与专注领域存在天壤之别，有人研究的是宏观经济学、金融学的领域，有人研究的是物理科学、数学等领域，并直降至我们当下细分的证券投资领域，哪怕是在小小的股市技术分析领域。但是，无论哪一领域，所做哪一方面的研究工作，其所应当具备的研究精神和理想目标都是相似的。所要遵循的道理也是一致的，真可谓天之道、疏通同归耳！即使我们无法做到像优秀的科学家、经济学家那般，志存高远、目标远大，肩负时代使命、怀抱千年大才，甚至已经创造出了举世瞩目的学术或科学成就，但是，我们仅仅从偶之一隅出发，哪怕仅是一个小小的研究基点，但也能够深刻体会和感悟到：追求真理、寻求真相与各种规律的使命感和责任感，以及达成研究目标的成就感和荣誉感。

我们也是如此，围绕股市投资技术分析法的研究，一直孜孜不倦的，兴趣丝毫不见削减的，继续坚持进行着。

第二章 >>>
量价相关知识

概要

既然股市动力系统实际上就是由成交量要素转化而来，也就是说，成交量是动力学的本源的体现，那么，我们从本质上还要从成交量要素说起。本章先从成交量要素的相关知识谈起。当然，我们不仅仅要简单介绍什么是成交量，还会重点介绍有史以来，国内外的研究者、运用者们所提炼出来的几种常见的关于成交量要素，及其用法的经典性表述。但是，相较于我们的研究结论，我们发现，过去这些观点表述太过传统，于是我们将其定义为传统的表述。

除此之外，我们也对价格要素所衍生出来的形态和走势等基础知识进行介绍，这部分内容主要放在第二节中。

最后，量价二要素关系是不可分离的，这也是长期以来绝大多数人的经验总结。为此，将量价结合分析，尤其是相关基础知识的介绍，我们放在本章第三节，具体详见后面内容的介绍。

第一节
关于成交量

什么是成交量？

在传统技术分析法之中，对成交量的分析较为常用。为此，某些专业人士根据多年观察研究心得，找到了某些较为成熟的分析体系，如量价分析法就被许多人士所使用，并且不分专业或者非专业的。一提及成交量，大家都会格外感兴趣，因为这个参数指标非常直观易懂。

那么，何谓成交量呢？交易所又是如何对其进行统计呢？

成交量，是指某一段时间内完成交易的股票总手数（1 手 = 100 股）。广义的成交量包括成交股数、成交金额、换手率；狭义的也是最为常用的仅指成交的股数。沪市所统计的是指所有在上海交易的股票单位时间内成交股票总手数。VOL 显示是 1M 在国际通行的说法是 1M = 100 万。另，1K = 1000、1M = 100 万、1B = 10 亿。

通常人们说的大盘成交量指的是成交金额。根据成交金额大小来说明市场的活跃度和资金规模情况。成交量与成交金额用下列公式表示：成交数量（成交量）× 成交价格 = 成交金额（成交额）。

不仅如此，成交量还可以在分时图中绘制，也可以在日线图、周线图、月线图，甚至是 5 分钟、30 分钟、60 分钟图中进行绘制。小周期中统计的成交量包含在大周期内。

成交量的功用

成交量是一种供需的表现，指一个时间单位内对某项交易成交的数量。当市场供不应求时，人潮汹涌，都要买进，成交量自然放大；反之，供过于求，市场冷清无人，买气稀少，成交量势必萎缩。

基于市场成交量的变化反映了资金进出市场的情况，成交量是判断市场走势的重要指标，但在国外成熟市场，成交量主要用于印证市场走势。一般情况下，成交量大且价格上涨的股票，趋势向好。成交量持续低迷时，一般出现在熊市或股票整理阶段，市场交易不活跃。所以，成交量成了判断股票走势的重要依据之一，尤其对分析主力行为提供了重要的依据。投资者对成交量异常波动的股票应密切关注。

成交量可作走势研判依据

成交量情况是股市或个股对股民的吸引程度客观真实的反应。当股民看好某只股票，就会有很多人买入，持有该股票的股民也会持股待涨，从而推动股票价格的上涨；同理，如果对该股票不看好，持股的股民会卖出，空仓的股民不会买入，从而推动股票价格的下跌。可是，无论是前一种情形，造成价格越是上涨，还是后一种情况，造成股价进一步下跌，此时的成交量都会出现某些相应的变化——其变化在走势所处不同阶段会各不相同，需要根据具体情况分类对待——我们可以根据这种变化找出其规律性，从而作为辅助研判走势之用。所以，我们说，成交量可以作为走势研判依据。

一、成交量的几种传统与经典表述

关于成交量，最通俗、最直观的表述就是，买卖双方在某一时间、某一价位上达成交易数量多少的记录。于本书而言，与成交量相关的还有量能、能量、力道等动力系统方面的概念。有时候，在实际分析与运用中，这几个动力系统的概念能更加直观描述当前市场交易的情况。

一些相对专业、具有一定经验的交易者，往往会懂得利用这个成交量要素及由其产生出的相关信息量，去预测当前市场的供求关系和情绪反应。更有甚者，还懂得一些核心用法，譬如借助该要素去跟踪主力行为，用来辅助研判和预测股价走势方向、转折时机及转折的力度等情况。

若将这几点功能、意义展开论述的话，关于成交量传统和经典的表述，大致有以下几种。

（一）成交量即为市场供应量

根据经济学供求关系理论的启发，我们发现，股市成交量要素同样能够反映出市场供应量和需求量的状况。为此，有人说，成交量既是市场供应量或者需求量的反应，又是市场重要的风向标。例如，根据成交量增减变化情况，我们往往会观察到其对价格走势方向产生影响和变化。

当市场供应不足，即供不应求时，价格就会上涨，在此之前成交量会较小，毕竟作为此时的卖方，供应不足、无更多存货可卖，但作为买方，想买又买不到，真要买到，则必须要提价，于是造成价格上涨。由此可知，价格上涨初期，往往会出现成交量缩小的特征。

反之，当供应量过大，即卖方存货过多、又急于想卖出时，就会造成成交量陡然放大，大幅消耗市场的需求，于是使后市需求锐减。随着买方需求意愿不强，造成市场需求出现严重不足，而此时卖方为了尽快出尽手中过多的存货，只有选择降价，从而最终造成价格的下跌。基于此，我们又可以了解到另一个特点，即在价格下跌之前，往往会伴随出现巨大成交量的情形。

因此我们说，市场经济学的供求规律，在很大程度上也是股市供求关系的演变规律。只不过问题在于，很少有人真正地意识和正确理解这种规律特性。当然，即使理解了，也难以做到准确研判和把握，应怎样结合成交量的这种变化规律，用以决策指引实际之中进行正确的买卖行为？毕竟股市成交量这种放量和缩量的变化特征，在整个市场之中是相对而言的。换句话说，成交量增减的变化，没有绝对衡量标准：有时候，我们很难确定当下市场是存量博弈，还是已经出现增量资金的入市？又或者资金从市场中悄然撤退？这一切本身就是难以准确衡量与判断的，毕竟这涉及投资学知识。其实，这也是成交量要素在实际运用中，凭借供求关系衡量市场演变特征和对未来走向研判时最大难点所在。

即使如此，至少我们在接受成交量即市场供应量具备供求关系规律时，同时还要懂得，用绝对供求关系理论，即仅根据成交量增减变化特征就对市场供求关系转变进行研判，这在实际中是很难有所作为的。往往会造成研判结论完全错误。

因为我们每一名市场的参与者，总处于某一种相对的市场环境之中。成交量的增减是变化的，并非一成不变的。市场容量究竟有多大？也总是难以提前估量和预测的。即使有时候能够判定当前正处于存量博弈之中，成交量随即出现了大幅度缩量的特征，按照供求关系理论的提示和指引，后市必有价格上涨的情形出现。但现实问题在于，此时若突然出现资金从市场中大量撤出，我们又未能提前掌握这一突变，就会造成原来判定的市场结论发生转变，至少原来预计的存量博弈特征从此失去其研判标准，毕竟此时出现了完全相反的情况——成交量再度出现放量、股价跟随进一步下跌——其结果就会与此前研判完全相反。

有人也许会说，这不可能发生。但股市往往就是不乏发生"黑天鹅事件"的场所，在股市里，一切皆有可能。

以上所做假设，是指资金突然从市场再度撤退时的情况，从而造成当下预判结果与原本预计结果发生完全相左的情况。那么，是否也存在那种突然出现增量资金进入市场的情况，从而造成最新预判结论发生改变的可能？自然是有的。

例如，当股价持续下跌很久，处于相对低位的情况，并且成交量持续萎缩。依据此特点，我们对后市看法是，成交低迷，买方需求疲软，资金继续外撤，后市继续看跌。可是此时突然出现低位放巨量，增量资金入场情况——依此特征，对后市走势看法明显要发生改变。

上述两种不同情形的描述，在实际中是经常出现的，它们均说明一个问题：对股市供求关系的运用，要相对地去看、去用。至少首要是区分清楚当前是定量，还是变量的市场环境？在定量环境里，供求关系会充分发挥其指引作用。可是当变量出现时，供求关系往往会暂时失效，要灵活做出调整。

综合以上，我们所说的成交量即市场供求量，是对供求关系规律的反映，是指在定量情况下，能够利用成交量在恒定情况下的增减变化特征，通过掌握市场供求关系，用以研判和指引价格未来的走势。但同时请记住，这只是属于市场中某一种情况下的特征，是属于成交量整体处于定量环境情形之下的用法。这种用法的研判结论只能适用于某些情况下而已，而非绝对和标准的运用之法，主观以为可以适用于市场中所有的情况。这种理解是有误的，至少在突变情况下，即市场成交量出现变量的情况时，研判结果就会发生改变了。也就是说，变量情况下的运用要区别对待。

（二）成交量即情绪本身

成交量即情绪本身。这也是传统量学运用观点中较为主流的说法。与之相似的，还有一种说法，即成交量反映了市场的情绪。那么，对于这种成交量观点的表述又该如何理解呢？

情绪，既是人类身上的独特的产物，又是人的本能反应，主要表现有喜怒哀乐悲恐惊。但凡事关人类之生命与财产安全时，每个人都会做出某些相似的情绪反应和行为。股市作为财富博弈的市场，是最能反映和检验人类情绪变化的场所。如上所说，人类所具有的本能，总是存在这样的相似特性：趋利避害，盲目从众、随波逐流，尤其是在事关个人金钱利益，或者个人生死攸关时，表现更是如此。几乎所有人都是这样的，因为这是人的本能。于是对此特性往往会淋漓尽致地体现在股市价格涨跌变化中。在见到价格上涨时，人的情绪会变得乐观，且一旦乐观起来就会主观放大很多倍，还互相影响和传染，进一步酿造与无限放大这种乐观。这一切往往直接体现在市场上，参与者们往往会动用更多现金买进股票，于是造成股价进一步上涨。股价上涨，账户盈利，参与者变得乐观，这种乐观迅速在亲友中传播时，又进一步推动亲友的亲友们采取行动，他们会继续乃至失去理性地买进、疯狂买进，从而再度推高股价上涨，构造上涨走势——此时我们回观成交量的变化，发现成交量由先前的温和放量，变成了大幅放量，甚至走向超额度放量。

反之，当股价下跌时，绝大多数人会渐渐陷入悲观，如果进一步下跌时，悲观向绝望转化，情绪也是会在亲朋中互相传染扩散，于是形成更大范围的悲观绝望，由此造成更多人失去理性地卖出，股价进一步下跌，形成下跌走势——与此同时，我们回观成交量情况，发现成交量逐渐形成缩量特征，即典型价跌量缩。

综合以上描述，我们认为，成交量的变化有时候确确实实反映了市场的情绪，而这种市场情绪实质上就是人之情绪。这种情绪往往还具有相似性、相通性，因为这是人的本能。

既然了解到这一点，那么，在实际中，我们又该如何应对和解决这种问题呢？学过心理学的人应该知道，这实际上说到了心理学知识。只是这种心理学知识与市场博弈结合在了一起，所以，严格来说，当我们认识到这一点后，反而要学会利用这一点：要逐渐校正自己在市场博弈中错误的情绪反应，做出正确的情绪反应和采取正确的行动。股神巴菲特有句话说得再好不过了——"别人贪婪时我恐惧，别人恐惧时我贪婪"。若将这话对接到市场博弈之中，并结合成交量要素的变化特征时，我们可以这样理解和运用：当价涨量增时，尤其是成交量增长到疯狂程度时，我们更要冷静、冷静，不能放任情绪向过于乐观演变，甚至还演变成失控状态。此时应该要学会见好就收，及时果断地退出市场。反之，当价跌量缩，成交量缩到不能再缩程度时，我们在情绪上不能过于悲观绝望，要在行动上积极关注和参与市场。

借用股神这句话，我们认为，可以通过逆向思维控制情绪，正确应对市场变化，做出正确的操作行动。不仅如此，说得更为具体和精确点，当我们了解了成交量即情绪本身的话，那么，通过掌握成交量的这些变化特征，我们能够做出正确的反应和操作。

当然，在实际中没有这么简单。

对于成交量与情绪的关系，我们总是发现，在实际运用之中，依旧很少有人真正做得到、做得好，因为人性的弱点永远存在每一个人身上，它无法消失，也不可能消失。说到底，依靠成交量变化特征，只能作为一个参照依据，即客观记录市场情绪到了什么程度？但对于最终做决策的我们来说，克服人性弱点、管控好自己的情绪，却是最难的。不过这是投资中事关人性哲学的问题，这里就不展开了。

（三）结合成交量要素预判走势未来的方向、转折发生时机及力度情况

前面两个传统的表述，不过是理论上的，并不实用。可是实际运用中，还应将成交量要素运用到实际中。例如，利用成交量要素来预测、研判走势未来的方向、转折发生时机和力度等情况。说到这里，就将前面两个有关成交量的功能、意义的表述落实、落地到实用之处上。

在市场中，一直流传着一句大家都公认有理，并关联成交量，且用以研判股价走势方向、转折时机的口诀，即"天量见天价，地量见地价"。这句口诀实质上是第一种功能意义在理论上的表述和指导。在成交量就是市场供应量的介绍中，我们就描述过，成交量萎缩到一定程度（地量水平）时，就是价格将会进入上涨之初的征兆；反之，成交量出现大幅度放量（天量水平）时，就是价格将会进入下跌之初的征兆。

当然，更为精准的描述是，在股价经历较长时间和较大幅度的上涨后，某日突然出现天量（至少高出平时成交量3倍以上），此后必然还会出现历史以来最高价，也是股价转折之际。反之，当股价经历较长时间和较大幅度下跌之后，某日突然出现地量（至少低于平时成交量1/3以下），此后必然还会出现历史以来最低价——这也是股价将会发生转折之际的信号。前者为卖点之时，后者为买点之时。具体天量天价、地量地价的实际图解，如图2-1和图2-2所示。

在图2-1中，万科A股价由23.71元下跌，复牌后第三个交易日，股价继续下跌，虽未跌停，但成交量出现了天量水平（超出平时成交量数倍以上），所以，由此预判后市还将进一步下跌。此后的事实证明，下跌走势确实出现。

在图2-2中，万科A股价跌至18.32元时，通过观察同期成交量和均量线情况可知，成交量水平（及均量线水平）跌至平时最小的水平，几近地量程度。由此预判，后市走势将看涨。此后事实证明，上涨走势确实出现。

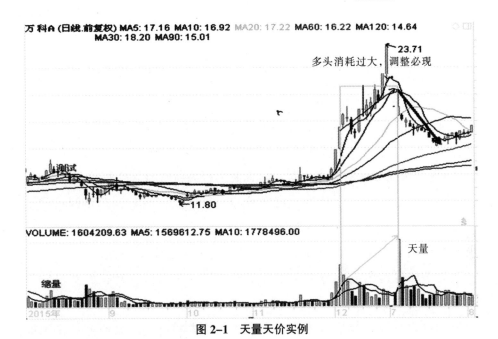

图 2-1 天量天价实例

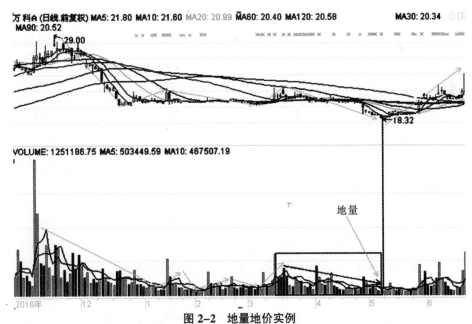

图 2-2 地量地价实例

　　以上所列举的两个实际案例，只是随意列举的，市场中随处随时可见。即使如此，但长久以来，在急功近利的市场中，绝大多数人总是视而不见的。幸好市场中还是会有一些有心的人士，通过自己长期细心的观察、思考与总结，最终得出了这句口诀。

通过这句口诀，结合到市场中，当我们发现在某些时候或者某些品种中，出现这句口诀所描述的特征时，无疑就能对股价走势转折发生的时机做出预判。有了这个走势转折时机的研判，就会有对走势方向的研判。至于新走势的力度状况，则直接观察成交量的情况即可得知。

（四）用成交量要素来跟踪、研究主力行为特性及运作规律

在市场中，但凡已具有一定经验的交易者们，多数比较重视成交量这个要素，尤其会利用好该要素，展开对市场中主力行为特征进行研究，并且指引当下的交易策略和行动——这就是所谓的跟庄手法。

对于如何利用成交量要素跟踪主力、研究主力行为特征？并且管理和指引自己的投资和交易行为，是一些有经验之人在实际中经常做的，也不乏国内外某些精明之人，甚至投资理论大师，也认真研究和详细撰文描述过成交量要素这一重要性和实用性的问题。

至于有关主力行为在成交量要素中的体现，并且如何揭示出主力在实际走势和成交量演变时的某些特征与规律，是我们接下来需要重点讲解的知识点，譬如以下几点，是非常值得我们思考和重视的：

第一点是有成交量才有主力，无成交量就无所谓主力。成交量是主力所能表现出来的最浅显、最直观的特征之一。当然，有无成交量（指成交量明显放大）还要与走势价位所处位置结合起来看，毕竟有时候股价在高位，成交量放得很大，但这往往预示着主力出货离场的征兆，反而会没有主力了。因此，有无成交量放大特征出现，既是一种相对而言的说法，也是一种大概的说法，并非绝对说法——至少有成交量放大情况，多数时候证实了该股有主力"宠幸"。那就值得我们持续跟踪观察，并研究它的行为模式和规律特性，然后为我所用。

第二点是结合前面几点关于成交量要素的传统和经典的表述，我们以为，从个体投资者视角看，如果买方是需求方，卖方是供应方的话，那么，成交量放大时，则是需求方旺盛之际；反之，成交量萎缩时，则是供应方供给逐渐不足之时。如果再将成交量这两种大致分类放到走势和价格位置不同情况时，又有不同的含义：在走势和股价处于高位放量情形时，显示需求方得到一定释放，后市继续验证下一个放量高峰能否超过前者，如若未能超过，则说明市场需求确认阶段性衰竭，后市随时会发生转折。反之，假如走势和股价处于低位缩量情形时，显示供应方供应逐渐不足，直到下次再度出现这种情况时，与前者对照发现，成交量继续萎缩，说明供应彻底衰竭，走势随时会发生转折。

如果对此描述有了一定认识、理解和掌握，那么，围绕本小节标题，此时问题关键在于，主力的行为特征如何体现在成交量要素中呢？想要回答清楚这个问题，首先要搞清楚主力与供需双方的关系（主力同时担任供需的双重角色）。因为主力是具有一定资金实力的，所以天生就是最大的需求方，当他的仓库里空空如也时，他必然要建仓进货，此时主力成了最大需求方，成交量要素必然会随着他的需求和建仓行为出现一定改变，如股价在底部或者相对底部位置时出现放量现象（放量特征或许会出现分类特点，包括温和放量、突放巨量、渐进式放量等）。主力除了担当需求方外，还担任供应方的角色，尤其是股价走到高位时，主力定然想到是如何兑现，即将仓库"货物"全部清掉？基于此，在大甩卖之前或者过程中，主力必然会有些痕迹显露出来——此时主力主要担任供应方的角色，如成交量时而放大、时而缩小，接着在下一次再度放大时，成交量却再也回不到之前高水平，这显示供应锐减，主力已经完成部分出货目标，又或者是需求量已经不足，无论怎样，股价必然发生转折而出现下滑情况。

通过以上情况的描述，当我们了解和掌握后，就可以据此观察主力运作的特征规律，而决策于实际中当下的买卖行为。

（五）主力视角下的成交量要素

笔者通过认真研读《量价分析——盘口解读方法》一书，意外了解到，如果市场中有主力的话，那么，他们往往会具备一套做盘手法，概括起来主要分为四个步骤：建仓、拉升、测试、出货等。

研读此书会发现，成交量要素在这四个步骤中将主力行为特征和规律进行类似"盘口语言"般的描述和揭示。例如，在建仓和拉升时，定要有成交量放大过程，而且只有在关键时候，如上涨真实突破时，成交量必须要明显放大——市场成交量能否有效放大，成为当前上涨走势能否持续的研判关键。如果成交量未放出，说明测试失败，主力还会灵活决策，实施下一个类似的测试，直到"库满"而完成建仓任务。

　　据书中所介绍的，当主力决定出货时，也会对成交量进行测试。此时，股价处在相对高位，如果走势回撤后重回升势时，能够继续放量甚至超过前期量能，说明市场需求还是存在的，价格还会上行，主力会在下一个高点进行重新测试，直到出现重回升势时成交量明显萎缩——证实市场的需求方已经趋于衰竭，于是主力会果断将最后一批"存货"抛售，完成出货、最终离场。

　　受此书启发，我们思考总结，得出以下说法：这里所说的主力行为特征，不过也是揭示他们在实盘中如何采取应对的行为，并且他们所做的应对决策也是在认真参考了成交量要素情况后做出的决定。只不过他们是从主力的视角分析成交量，继而决定和指引他们的操作决策的。

　　综合以上叙述可知，若从主力视角观察的话，主力作为市场交易行为中的参与者之一，可能是最为重要的参与者，成交量要素成了他们主要观察和研判的重要因素及对象之一。也就是说，主力也是在认真和慎重对待成交量变化规律的，甚至以此决定他们的操作行为，只不过他们貌似更加擅长和运用成交量要素的规律罢了。

　　最后，我们或许可以通过一些过来人的描述，对主力行为进行解释说明。至少他们这样认为，主力往往更加善于利用市场的情绪，得以实现自己的建仓或者出货的目的。而市场中多数参与者们——最为真实客观的情绪反应，往往是通过成交量要素体现和测试出来的。例如，在股价上涨，行情向好时，市场感性沸腾，成交量不断增长放大，需求量不断增长放大，直到主力取得较为满意的收益时，接着开始大甩卖，或者在此之前，就已经逢高甩卖给那些带着更大期望与乐观情绪的无知无畏者们了。在下一次没有新的需求方或者增量需求时，股价必然因为供大于求而下跌。

反之，当股价不断下跌，市场情形一片悲观，甚至走向绝望时，市场的供应量逐渐减少（不愿意卖出也是供应不断减少的体现），大家都被悲观绝望的情绪萦绕，不敢做出原本正确的操作行为。可是这时主力却会认识和掌握到市场的这种情绪，尤其是深谙市场的人士，往往会反其道而行之，他们会担当此时市场最大的需求者，偷偷买进"货物"——此时股价定然会出现某些程度上涨，至少会暂时扭转股价下跌的情况，但成交量不会出现明显放量，依旧保持缩量的态势中。

根据这些过来人所讲述的经验可知，在面对和参与市场时，无论涨跌，我们都要认清和管控好自己的情绪，不要被市场涨跌所左右，更不能随波逐流、人云亦云，毕竟一旦被情绪所控制，那么后果将不堪设想。或许一些精明的主力正是利用了这一点，才达成自己的目的。所以有时候，我们会说，主力操纵的不是股价的涨跌，而是操纵着大家的情绪。这种情绪反映到市场中，往往具有相似性（如以成交量这个载体表现出来），因为这是人的本能反应。

二、成交量的创新描述

（一）成交量的转化与"翻译"

在对成交量的创新表述开始之前，我们先对成交量要素进行转化和"翻译"，这样才能进一步开展接下来的描述工作。可是，我们为什么要这么做呢？成交量，实际就是买卖双方完成交易数量的多少，主要客观记录市场情形，描述市场当前热度的参考值。只是，要和走势结合起来研判，应将成交量要素做下转化和"翻译"，将无用信息转化为有用信息。

另外，仍旧是从那本《量价分析》书中所受的启发——该书的作者是英国的安娜·库林，在书中她曾详细地介绍过"价量分布图"这个概念。我们通过阅读和学习，了解到这可谓是一个非常直观精妙的概念。只不过这个概念正是通过变换了一种观察方式，来观察和分析量价结合的演变规律的，并且以此作为其操作决策的研判依据的。

我们在看盘软件上常用的量价图谱设定是，横轴为时间、下方同步且对应记录了成交量情况，纵轴是价格。但是"价量分布图"，则是将纵轴每一个价位上对应的成交量情况进行统计。在做了这样的安排后，我们就可以观察到，在某一时期内，每个价位对应了对少成交量——即股价—成交量的分布图，一目了然。同时我们发现，越是某些关键和重要的价位，所对应的成交量越大，或者越小。例如，在某些支撑位、压力位，或者转折拐点价位等附近，往往集中出现较大的成交量，或者较少成交量——这种异常情况凸显，可辅助我们对当前市场做研判，识别出支撑位、压力位，或者转折拐点位的有效性。

综合以上描述，通过这种变换后，价格上的成交量分布图一看便知，非常简单直观。对于其功能性，正如作者所说，根据"价量分布图"，可以帮助我们确认当前价格走势，辅助我们检验关键区域上支撑价和阻力价位的"强弱情况"。此外，在价格处于突破时，还可以给我们提供信心，因为我们知道，重要的支撑位和阻力位会在某个位置发挥作用。如果支撑作用很强，那么就有信心进入一笔头寸；如果支撑较弱，可暂时撤退，等待其他信号。

最后，"价量分布图"还能对未来走势中支撑位或者压力位的强弱进行准确揭示，这可帮助我们直观地分析风险，或者把握机会。

安娜·库林介绍给我们的这个"价量分布图"，也算是当今较为流行或现代最新的关于量价分析理论的表述了，相较于传统的量价分析之法，也算是创新之举了。接下来，我们所要展开的全新观点与讨论，亦是这般。至少先从最简单的成交量要素的相关知识说起，如先从成交量的转化和"翻译"的几个最新的概念说起。

（二）三个动力系统概念

1. 量能

量能有两种衡量方式，一个是量，另一个是能；量，指成交量；能，指资金动能。股市量能这个概念，多和整个央行的货币供应量有关，如果 M1 年增长率大于 M2 年增长率，表示金融体系活期存款增加，我们就说股市资金量能上涨，后市可能会有一波资金行情；反之，如果 M1 年增长率小于 M2 年增长率，表示金融体系活期存款减少，我们就说资金量能退潮，量能萎缩，股市会因为资金退潮而下跌。

M1 为狭义货币供应量＝M0（流通中的现金）＋企业活期存款；

M2 为广义货币供应量＝M1＋准货币（定期存款＋居民储蓄存款＋其他存款）；

当 M1 大于 M2 增长率时，说明需求强劲、投资不足，价格将上行；反之，M2 大于 M1 增率时，表明投资过热、需求不旺，价格有下行风险。

综合以上，我们以为，量能概念实际上是一个衡量股市资金动能的概念，对量能的分析可以了解和掌握当前股市资金流向情况，从而衡量当前市场属于哪种博弈特征，是存量博弈，还是有增量资金入场？

当然，以上是从宏观层面说的。如果直接关联到股市，所谓量能就是市场成交量和资金动能的合称。对于已经完成的成交量情况，我们只要连续跟踪，就可以寻找到资金动能流向情况，从而指引我们研判当前市场是存量博弈，或者有无增量资金入场？

如果具体量化到个股，方法同样如此，针对一只个股，对其量能指标的分析，可以了解到该股有无增量资金入场——往往是指主力资金，又或者资金有无从该股退出？通过这些分析，可以对该股股价未来涨跌方向进行研判和把握。

讨论至此，我们所讨论的股市量能概念，根据股市和个股分类而看，整个股市的量能或许能够以狭义和广义货币供应量增长率大小进行衡量，用以分析研判未来股市走向。当然，倘若能结合大盘成交量的情况，也可以在某种程度上掌握大势走向情况。只是个股多直接结合成交量，因为这会显得更为直观。于是，我们认为，股市量能这个概念还是离不开成交量，无论大盘，还是个股，皆是如此。并且在能够更好地利用好某些分析方法和工具时，这个工具或许就是对成交量转化或"翻译"的过程，或许更能够了解到股市量能中资金流向的真实情况，从而提高我们研判的成功概率。

股市量能，无论是大盘还是个股，最终都以成交量为研判标准。资金动能进出于市场或者某只个股，都会体现在成交量上，对这一点是毋庸置疑的。于是，借助量能概念可以研判未来走势情况。所以，业内有些专业人士这样描述量能，认为量能分析就是对量价结合的分析方法。对此，我们表示赞同。

2. 能量

如果单纯地观察成交量情况，很难对当前市场或者个股情况做出精准分析与研判。但是，如果变换一下，譬如将成交量分析落实到盘口买卖数据上，则能直接反映大资金动向的情况。某些专业人士，还专门为此发明了所谓盘口能量指标。

实际上，"能量"一词源于物理学，其定义是这样表述的，能量是质量的时空分布可能变化程度的度量，用以表征物理系统做功的本领。现代物理学已明确了质量与能量之间的数量关系，即爱因斯坦的质能关系式：$E = mc^2$。

借用该公式，我们将其代入股市系统发现，股市所谓的能量，也可以做一番全新的描述。但在开始前，先将几个重要参数设定好，譬如将股价或股指当作质量单位，同时将上涨或下跌的速度类同于所谓的光速，那么，二者乘数关系就等于股市的能量，能量又相当于成交量。并且二者呈正相关关系：当速度越快时，在做了二次方后，能量就会越大。

若我们将公式做变换和调整，股市运行速度 =（能量/质量）的开平方根 =（成交量/股价）的开平方根。

根据该公式可知，当股价不变时——实际中类似于股价处盘整状态，成交量越大时，股指或股价运行速度则越快；反之，则越小。这个公式非常清楚地验证了我们平时观察到股市成交量与股价涨跌速度之间的关系和特点。

除了以上特性之外，股价运行速度还直接决定另一个参数，那就是股指或股价运行的空间大小。所以，我们能得出以下几点规律特性：

能量越大时，股市运行空间越大；反之，能量越小，股价运行空间越小。

再者，仍然受物理学启发，我们了解到，能量具有守恒和不灭的规律特性。亦即能量不会凭空消失，而是可以转化成动能，动能遵守能量守恒和不灭定律，会在某些条件下发生转化。将这个规律特性用到股市系统，那么在股市系统里最大的转化就是动能转化成势能。具体点说，就是转化成了股价运行的形态和走势结构等涨跌状态。对其具体表现，或者是纵向的空间结构状态，又或者是横轴上的时间结构状态。对此特征也就是笔者在《涨跌真相——股市力学原理与投资哲学三论》一书中所做的描述，即有关价格空间和时间长度的守恒特性。

3. 股市力道

成交量要素可转化成能量或者量能，若进一步演变，还可提炼出更为直观的动力系统概念，亦即股市力道。无论是能量中的动能，或者由此转化出来的势能，还是量能中的资金动能，说到根本上，都是股市系统中所谓力道演变的特征和体现。并且这里所说的力道概念似乎更能形象地描述和揭示出市场中多空二力博弈状态，以及市场中某些高手们会根据博弈所产生的结果，以研判走势关键转折时的拐点时机。这个研判工具其实就是我们在实际操作中经常使用的背离理论。以前我们还会询问，什么是背离理论？在笔者已经出版的《解缠论》系列专著中，有过详细介绍，本节后面也会简单再度提及一下。但对背离理论，至少有一点是可以断定的，即由多空二力博弈背后的实质，就是背离理论诞生的根本原因所在。

综合以上，换句话说，由股市力道这一概念发展出背离理论。在有了背离理论，我们在实际运用之中就可以对走势转折与拐点进行研判。所以，接下来，我们再次对背离理论做简单的描述。

（三）背离理论的描述

对背离理论的描述，最直接的方式是将走势和 MACD 指标结合起来观察，并且此方式适合于所有品种、所有级别中。但前提是，无论哪一个级别，在确定走势已经完整完成了，却发现指标运行的方向，早就与即将终结走势段的运行方向呈反向运作了，这就是背离。不过这是背离理论的外在描述。至于其本质的表述，则要说回到股市力道这个概念。暂且不去讨论力道的性质，因为无论是做多的多头之力，还是做空的空头之力，主导走势运作时，都具有某种走势上的规律特性。也就是说，无论涨跌走势，对应力道的演变，都将符合"一而再，再而衰，三而竭"的演变特性。当将二者结合时，即可用来研判走势的拐点。如若探讨这一系列的演变规律所产生的根本原因，那就是对所谓背离理论本质的揭示。

说到背离，必将提及用来辅助研判的工具，即指标 MACD 的情况。实际上，MACD 指标可分为价格 MACD 和成交量 MACD 两种。价格动能指标的发明人，是著名技术分析师吉拉德·爱普尔。但我们现在所要讨论的主要是成交量 MACD 指标。所以，在开始前，首先需要强调和说明的是，成交量图上的 MACD 叠加线与前面价格 MACD 不一样，它有自己的量度单位，与传统的成交量的量度单位不一致。成交量 MACD 之所以要叠加在一起，是因为它不但能真实密切地反映成交量柱的变化，而且还是很好的成交量动力指标，非常有助于交易者的短期行为的分析。

MACD 是紧随趋势变化的动力指标，它利用 12 天指数移动平均线与 26 天均值之间的差值计算出每天的数值。所谓指标移动平均值（EMA），是在计算移动平均值时加大近期数据之权重。当 12 天 EMA 对最近期的数据加的权重更大，因此它会比 26 天 EMA 更能反映市场的变化。两个 EMA 之间的差（MACD）反映行情方向和强弱。在 MACD 图中，常有一根 9 天指数移动平均线，这根线为"信号线"。MACD 线一般与这根信号线一起出现。如果 MACD 上穿信号线，表示成交量动力在增长；反之，如果向下穿过信号线，表示成交量动力在衰减。实际图中另外还有一条"零轴线"，如果 MACD 出现在零轴线上方，则成交量动力为正值；反之，该动力为负值。成交量 MACD 可以用来发现成交量动力相对价格而言是否正处于见顶或者见底的过程。

由上所述，一直以来，我们常用的 MACD 指标是判断走势转折与拐点之用的。但是这么久以来，令许多人不服气，总是偏见地质疑，仅靠一条指标怎能将背离理论做出准确描述，甚至指引操作呢？基于此，结合以上内容，我们总算清楚了，将成交量转化为力道概念后，就可以较为形象地描述背离理论。同时还清楚了对背离的研判之法是离不开 MACD 指标的。毕竟利用该指标可以揭示出背离的表象，再者，成交量要素内含的量能、能量等概念，与多空二力博弈状态构成了背离的本质。话说到此，也算是从另一个视角回答了一些朋友们的疑问，就是那些认为《解缠论》中，没有涉及成交量这个要素的质疑了。

（四）动力系统概念概述

成交量貌似为一个静态的技术要素，用以客观记录当前达成交易数量的多少的。只是，在结合实际运用时，静态的概念难以辅助我们对分析和操作起到实用有效的作用。为了提高和充分发挥成交量要素的实用性，我们通过对成交量的转化和"翻译"，才衍生出了能量、量能、力道，以及背离理论等几个动力学的概念。于是，才有了前面对其所做的转化和"翻译"工作的努力。在这样做了之后，我们发现，原来的静态概念转变成了一个动态系统概念，并且在实际运用中，从分析到操作系统，往往能够更方便和提高我们展开对走势完整和拐点研判结论准确性的概率。这是我们着手从成交量要素中转化和衍生出几个动力系统概念的原因所在。毕竟这样的动态、动力系统，能够更直观有效地辅助我们做出分析和操作指导，具体例证，可参考后面的章节介绍。

如此说来，股市动力系统这个概念源于成交量要素，通过对成交量的转化和"翻译"而来。还具体出现了量能、能量、力道及背离理论等几个常用和实用性的概念。通过对这些转化和"翻译"而来的概念的使用，极大地方便和简化了我们的使用效果与效能。在某种程度上而言，尤其从实用性角度出发，算是对成交量的一种创新的描述。

此外，对于其更为创新、完整的做法是，将动力系统要素和走势结合起来，从而用以提高和加强对未来走势做出更为精准的研判。当然这一做法说到根本上，是将成交量和价格要素结合起来运用。而用到极致的话，无疑是将背离理论代入使用，据此提高对走势完整完成和转折拐点出现研判的准确概率。

三、成交量分类情况简述

（一）传统成交量分类情况简述

在传统的成交量形态的划分中，主要分为放量和缩量两种。但其中的放量，又具体可分为温和放量、突兀式放量、对倒式放量、巨量及天量等；至于缩量，又分为温和缩量、突兀式缩量、对倒式缩量和地量等。至于各自具体的成交量图形的描述暂略。

（二）与走势结合后成交量分类特性简述

从传统层面而言，虽然成交量之形态的主要分类，从根本上说只有放量和缩量两种，但是，具体还应与走势相结合起来运用，至少要清楚股价所处的高低位置情况，因为股价所处的位置不同，对应成交量的增减变化情况也不一样。为此，新的问题出现了，正是源于要与走势的相结合，最大的困惑在于，走势也具有分类特性。基于走势也是存在分类特性的——具体在《解缠论 3.0》中有详细探讨，于是，当我们将其与成交量要素结合起来时，那么，自然而然，成交量要素的形态也具有分类的特征。大致说来，有那么几种走势在完整完成构造时具有某几种分类构造的形态，尤其包括最终拐点的形成和出现时也是如此。

回到实际之中，当我们发现某个走势，无论涨跌，但凡真正完整完成，构造分型结构时，会存在几种不同的分类情形，这几种不同分类情形在对应成交量要素时，也会出现不同的分类情况。所以，实际中我们需要具体情况具体对待，不可以盲目随意乱下判定结论。

至于成交量形态的分类特征，还有不同形态之间又各具怎样的信息与提示呢？以及对价格走势的影响与警示又是怎样呢？具体可参考后面的章节内容的介绍，此处不做展开。

此外，在将成交量的形态分类放置于不同性质的走势中，或者放置于走势所处的不同阶段时，又或者不同价格走势形态之中时，各自又会具有怎样的量价结合的分类特征呢？

若要寻找到以上系列问题的答案，我们必然要将价格走势与成交量两个要素结合起来进行分类分析探讨——不过，这是后话，我们在此只是做个简单的介绍而已。

四、关于均量线的介绍和运用

（一）均量线定义

均量线，是一种反映某一时期内市场成交量平均情况的，将一定时期内的成交量相加后平均，在成交量的柱条图形中形成较为平滑的曲线，亦即均量线——它是交投趋势的技术性指标之一。一般情况下，像在通达信行情软件中，均量线参数设置在正常情况下主要分为 5 天和 10 天两种，且主要以这两种时间周期作为采样天数。当然，实际之中这两个参数是可以灵活调整的，根据使用者的实际情况和需要而定。如果设定为 5 天和 10 天也算是短期和中期走势指标的衡量及对比的话，那么，通过量能变化情况，能够达到辅助研判未来走势方向之目的。

（二）均量线用法介绍

一般来说，如果 5 天均量线向 10 天均量线的上方穿过，形成金叉时，即意味着短期成交量明显放大，对于后市走势研判，则分为几种情况：

一种情况是如果价格处在上涨初期时，那么意味着后市将继续放量上涨；

另一种情况是如果价格处于上涨中途，且进入阶段性震荡的话，那么，这意味着后市继续上涨，哪怕只是短期的上涨；

还有一种情况是假如股价处于上涨行情尾端，股价处于较高位置，即使出现这种均量线短期均量线穿过长期均量线的金叉现象时，则要留意后市成交量能否继续放大？能够持续多久？毕竟还不能排除走势在后市随时发生转向的可能。反之，如果 5 天均量线向下穿过 10 天均量线形成死叉，即意味着短期成交量明显萎缩，对于后市走势而言，是一种看跌的信号。当然此时结合走势具体情况而言，也可分为几种不同情况：

股价处于高位时、有转向调整迹象，出现短期均量线向下穿过中期均量线形成死叉时，那么，股价后市下跌概率将会提高。

或者，走势已经进入下跌阶段，中途出现盘整式抵抗，假如发现出现均量线死叉现象，那么后市继续下跌，哪怕只是阶段性下跌。

或者，走势处于下跌行情尾端，即使再度出现死叉，后市应该继续下跌为主，但是，此时要开始预防成交量萎缩程度情况——一旦观察成交量萎缩到地量水平，反而会触发作为需求方的买盘进场扫货，从而扭转最终的下跌走势。

在实际运用中，为了能够方便直观和准确识别当前走势段及前走势段对应成交量对比情况，研判是放量，还是缩量，往往会借用均量线。因为均量线短中长走势的情况，在与前后各阶段走势结合起来后，基本上能够帮我们较为客观、准确地反映出这种对比的结果。有关均量线具体用法如图 2-3 所示。

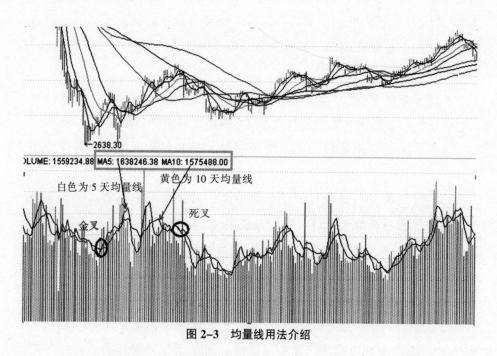

图 2-3　均量线用法介绍

如图 2-3 所示，白色曲线为 5 天均量线，黄色为 10 天均量线，5 天向上穿过 10 天均量线，形成金叉；反之，向下穿过形成死叉。我们再去观察和对照图中金叉形成后的走势，后市果然出现上涨走势；反之，观察均量线死叉时，后市出现下跌走势。

这种描述当然是指一般情况下的用法，毕竟在实际运用中，金叉、死叉提醒买卖会频繁出现，但每一次出现其意味都不尽相同。因为根据后市实际走势的时间和空间大小的情况看，这种不同非常明显。由此证实，均量线运用之法还存在更为高级和创新的地方。具体介绍，我们将其留在后面章节之中。

第二节
关于价格形态和走势

某单位级别上单一的一根 K 线没有太多意义，但是，在其同期的次小级别上定然会有某些价格形态和某种走势类型出现，于是，这就存在某种分析意义和价值了。

一、经典技术分析理论对价格形态和走势的表述

百年以来，围绕股市投资方法，尤其是技术分析方法这块，已经出现了多种经典技术分析理论。如果是以价格形态和走势为重心的话，那么，至少包括以下几个经典的技术理论，具体有道氏理论、波浪理论、箱体震荡理论，等等。这些经典理论至少都对价格形态或者走势有过某种精彩和经典的表述。接下来，我们看看这几个经典技术理论在价格形态和走势构成上的表述。

（一）道氏理论对价格走势的描述

道氏理论对走势最为经典的表述就是，它认为，走势根据能量大小分为三种情况：一是主级别走势，二是次级别走势，三是更小级别走势。

对此它还有较为具体的描述，分别是：主要级别走势构造，大概要花时一两年；次级别为破坏级别性质，一般维持几个月；更次小级别走势，一般维持几天。不仅如此，主级别走势还包括了次级别和更次小级别的走势，次级别中包括了更次小级别的走势。

当然，结合本书所要探讨的主题，三种不同程度级别的走势必然要与成交量相结合。无论道氏理论所讲的哪一种程度的走势级别，或者处于趋势三个阶段中的哪一个阶段——根据道氏理论的描述，一个完整走势有三个阶段，每一阶段均对应成交量变化具体又各具怎样特征，即为我们所讨论的相关内容。并且，我们认为，只有借助成交量各种情形之下的走势进行验证的话，哪怕这还不是决定性的因素，那么，这样做都将为道氏理论所描述的三种不同程度的走势提供了更为关键的研判价值和作用。

（二）波浪理论对价格走势的描述

波浪理论对价格走势的描述，核心体现在，对一个完整走势具有五升三降或五降三升的，犹如波浪形态的表述。当然，除了着重描述为八浪走势形态之外——若为上涨走势，即为五升三降形态，关键问题在于，各走势段所对应的成交量的情况；反之，下跌趋势中，即五降三升，也是对应了各阶段的走势浪的量能情况——波浪理论也对浪形、浪的空间高度、时间长度等，均做过一定程度研究与描述。但是，无论如何，波浪理论作为一种经典形态理论，无疑非常偏向于以趋势为主的形态学描述和研究的一套技术理论。即使波浪理论在对趋势完整构造过程中有着极为经典形象的描述，但仍旧缺乏一种研判工具和方法，即用以明确判断任一浪形，何时结束？以及在怎样的情形下结束？

基于该问题，我们给出的建议是，结合成交量一起研判。至于如何结合成交量，研判任一浪形如何结束？具体而言，其关键仍在于前面留下的问题，即对于研判趋势走向、转折拐点和走势力度等情况的研判——破题方法无疑是本书探讨主题所在，即量价结合分类分析方法所在。相信这一点清楚了，那么，也定会找到波浪理论运用的关键所在。

（三）箱体理论对价格走势之描述

如果说，道氏理论是将一个趋势作时间级别上的演绎——无论涨跌趋势，一旦确立形成，那么主级别走势将持续较长时间，空间随即也会成正比放大，而中途会出现破坏性质为主的次级别走势的出现，当然这种次级别走势不会造成主级别走势性质的转变。至于道氏理论所讲的更小级别，则是在次级别之下又一种更次级别的说法。

又或者说，如果波浪理论是对任意一个趋势，也是无论涨跌与否，都会在形态上和节奏上进行了某种完整的形态描述。

假如我们仔细研究这两个经典技术理论就会发现，二者不过是从宏观和整体上描述趋势运行的全局图而已，但这只是走势中某一种情况的阐述而已。可是对于另一种情况，也许这一情况是被包含于一个完整趋势之内的，属于其中的一部分——例如所谓的中枢震荡形态，亦即经典理论中所谓的箱体理论的情形，却未作细致的探讨。那么何谓箱体理论对价格走势之描述呢？

箱体理论，对价格走势的描述是价格在某一定时间内持续维持在一定区间内反复波动情形。箱体理论又会具有怎样的具体描述？如是说，股价在上涨走势中形成的某高点，反复出现，随后回弹也是到此高点附近，难以有效升破；反之，下跌走势中形成某低点，反复出现，随后回撤也只能到此低点附近，难以有效跌破。如此多次反复后，我们发现，形态上符合某种箱体的形状。基于此，我们将其定义为箱体理论。

箱体理论，弥补了形态学和走势分类情形中某个重要的环节，毕竟只有有了这个环节，才算是更为完整地将走势的不同形态和不同阶段的情况进行了完整的描述。

至于使用之法，还要结合成交量要素的，而且运用得好，确实能够实现所谓波段操作、高抛低吸的效果。具体各自领悟吧。

二、其他形态学技术分析手段对价格形态和走势的表述

除了以上几个经典形态理论之外，还有几个形态学上的技术分析手

段值得介绍一下，一个是 K 线组合形态，另一个是经典形态的描述。

（一）K 线及组合形态表述

目前发现的 K 线组合形态，少说有几十甚至上百种，并且经典的 K 线组合在实际运用之中确实具有某种指导效果。于是通过提炼，我们发现，经典 K 线组合主要有红三兵、黑三兵、三只乌鸦、穿头破脚、启明之星、黄昏之星，等等。

K 线组合对价格形态和走势的描述，是出于这些组合形态具有某种自然属性的相似性，由此提炼而来。通过这种形象的描述，还有历史重演的规律，我们能够对未来走势做研判。所以，在实际运用之中，受到参与者们较为广泛的使用。

（二）经典形态表述

目前发现的经典形态，少说也有几十种之多，如头肩顶（底）、三角形、旗形、岛型反转，等等。这些经典的形态就是对价格走势的直观描述，同样，对其具体和实用之法，还有些讲究，这里暂时就不展开说了。

这里介绍了 K 线及组合，还有经典形态等技术分析手段，但它们都要与成交量相结合，从而用来对未来走势的研判。假如离开了成交量要素结合，很多所谓经典组合和形态有候就会失去效用，甚至发出的提示信息会成为完全相反的指引。这对于实际操作中是绝对不可以容忍的。

三、对趋势为王与顺势而为的理解和表述

无论是单纯地用价格走势分析法研判未来的走向，还是用量价结合等多种要素手段的分析工具、理论方法对未来走势研判与验证也好，二者都明确强调，量价分析手段中的趋势元素的重要性。同时，我们强调几个经久不衰的观点理念和策略——趋势为王的理念与顺势而为的策略。

价格形态和走势的最高级的表述及实用之处就在于，对趋势的定位。参与者首要做的是，先明确趋势的性质。同时，要结合成交量来对趋势进行有效的验证。另外，一旦趋势确立形成，就必然会一直持续下去，直到走势的反转，反转时会有"信号"出现。这种信号包括成交量与走

势或价格形态的多种特征显现。

一旦趋势研判得以兑现并成立，且渐渐走出来，那么，对应到操作策略层面就是"顺势而为"四个字。所以，对于如何以价格走势做定位，对趋势进行准确分析研判，就成为一部分研究者、应用者们的核心和首要之选。假如再加上成交量要素，或许更能提升这种研判准确性了。

综合说来，在传统和经典的价格形态和走势理论方法的表述中，存在着一个高度默契和认同点，那就是，对由价格组成的趋势作用的定义：趋势确立为王和遵循顺势而为的策略。从分析到操作，技术形态和走势理论上，无不围绕此点展开。

四、价格形态、走势的创新理解及主要观点

根据笔者《解缠论》系列中对形态学知识的介绍，形态还不一定完全等同于走势或者趋势，而趋势也不全等同于价格走势或者形态。趋势于笔者的理解而言，有着具体的构造结构与形态规律。不仅如此，《解缠论》系列书还明确说明，形态学有五个基础形态元素，即从笔、分型、段，到中枢与趋势。有了这五个基本元素，可以用来描述任何形态或走势，包括所有经典形态。而同时，五元素也具有各自的形态学结构和定义。相对同一级别而言，趋势由前四个形态元素构造而成，充当各个走势结构的一部分。在实际运用之中，我们要结合动力学要素研判、验证走势完成情况，以及拐点发生的时机。

对于趋势研判成为任一品种、任一级别中运用的关键所在，其讨论之核心在于，各走势是否完整完成：譬如趋势、中枢、段与分型等。实际中，即观察走势如何构造完成，如何判断与验证其完成。

在书中，还对辅导研判、验证走势完成的另一理论，即"背离理论"做了提炼和重点讲解。对其表面的使用方法不再过多讲述，但对其背离理论的本质，在书中却做了一番详细讲解。此时再通过我们当下这本书的写作，我们已经做出回复，但说到根本和实质上，背离理论还与成交量要素紧密相关。

无论人们如何评价和理解，我们一直以来都主张，要将形态学与动态学结合研判走势的思路和方法不曾改变，即使眼下重点讲述了成交量要素，但对这一主张依旧不变，甚至通过深入探讨发现，这是量价结合主张，二者具有相同性的特征。

此外，根据《解缠论》系列书所述，价格形态，无论是经典形态或者K线组合形态，均不是其所指，本书形态学主要指五个元素，还有五元素相关的实际运用之法。对趋势有着较为具体的形态定义，并且早已形成一套完整的概念，包括走势结构构造的定义和概念。例如，对走势定义，可笼统指价格运行方向和过程，具体可指代五元素各自运行构造的情况。

对于"任何走势终将完整完成"这句真理，均是由价格要素派生出来的首要法则。也是对实际运用之中，以价格为基础构造出来的形态与走势结合，以此做研判和推导未来走势的行为指南。我们强调对任何级别走势中的趋势研判是首要工作。只要确认了趋势的性质，针对不同的时间级别，分别有着不同操作策略和应对之策。

五、小结

由价格要素所构成形态和走势，在过去，人们早就提炼出了无数种K线及组合形态，还有许多种经典形态，只不过这都是对价格要素所衍生出来的形态学运用之法。即使包括了我们最新所定义的趋势之定义，并且与传统定义的趋势虽然有所不同，但对研判趋势、尊重趋势，及顺势而为的基本策略的原则是一样的。经典形态、经典形态理论对价格要素构成趋势和走势运用方法，与我们所理解的是不同的。

在传统理论中，对走势有三个阶段，每一个阶段另有一番说辞，可是我们的观点却是，将趋势各个阶段、各个走势结构进行逐一分解，只要当前级别不能用到背离时，则可以将背离适用于次小级别中，但这一切均离不开趋势与背离相结合研判和验证之法。这应该是我们对价格要素展开研究所能够得到的最为极致的结论和方法。

最后，说到根本上，形态学和动力学要结合起来，否则准确性不会太高。至于形态学和动力学最终源头指向，无疑就是价格和成交量两个要素了。

因此探讨至最后，量价结合，才是技术分析的根本所在。至于如何进行量价结合分析研判，则是本书后面所要探讨的关键与核心内容所在。

第三节
量价结合分析相关知识

一、量价结合分析传统和经典表述

（一）量价关系的三种经典讨论

一直以来，量价关系争论不休，但是二者关系的表述主要分为三种，或者说是三种发展历程：第一种是量为价先与价为量先之争；第二种是量价互相影响、互做验证之说；第三种是量价关系与气血关系的类比，亦即相互依存之说。

1. 量为价先与价为量先之争

量为价先，意思就是，在成交量与价格这二要素中，当市场发生变化的重要时刻，比如走势发生转折之际，成交量要素反应在前、价格要素反应在后，成交量要素对走势转折的研判与验证更为重要；与之刚好相反的是，价为量先，即认为价格的反应先于成交量，对走势转折研判和验证更为重要。虽然有这两种争议，但量为价先还是占据主流和受到绝大多数人的认可。著名证券技术分析理论大师格兰维尔甚至强调说："成交量是股票的元气，而股价只是成交量的反映罢了，成交量的变化是股价变化的前兆。"

虽然有大师的支持，但我们认为，这种先后关系的讨论根本不是绝对的，因为我们以为，量价关系更类似于中医中所讲的气血关系，详见后文的讲解。

2. 量价关系到气血关系的讨论

《素问·调经论》中说："人之所有者，血与气耳"。说明气与血在人体生命活动中占有重要的地位。其中气属阳，无形主动，主温煦；血属阴，有形主静，主濡养。这是气与血在属性和生理功能上的区别。但二者又主要源于脾胃化生的水谷精微，在生理上相辅相成，相互依存，相互共生，共同维系并促进着生命活动。所以元代滑寿的《难经本义》说："气中有血，血中有气，气与血不可须臾相离，乃阴阳互根，自然之理也。"气与血之间的这种关系可以概括为："气为血之帅，血为气之母。"一方面，是气对血的作用，气对血的作用可概括为"气为血之帅"，包括了气能生血、气能行血、气能摄血三个方面；另一方面，血对气的作用。血对气的作用包括了血能养气和血能载气两个方面。直白点说，气与血关系是，气生血、行血，血养气、载气，二者相依相存。

通过中医学中对气血关系的描述，我们发现，量价关系有类似特征存在。借此，我们以为，量价关系并无先后之分，而是犹如气血关系那般，又或者按照格兰维尔的说法，成交量是元气，那么价格就是血，二者之间是相辅相成、相互依存的关系。

3. 量价互相作用、互为影响的关系及验证走势之说

量价互相作用、相互影响，且用来验证走势的特征，好比物理学上所讲的相互作用力的关系。A 在对 B 施加作用力时，B 也反过来对 A 产生作用力。我们对量价关系细致研究也能发现这种相互作用力和互相影响的特点。以上涨走势为例，因为此前的上涨，成交量随之放大，量价配合得挺好，可正是因为有了良好的配合，成交量的继续放大，又给市场传导了一种正面的影响和积极的信号，于是接下来，价格继续上涨；而随着价格的继续上涨，又再度刺激市场参与者的积极做多热情，尤其是激发了市场的希望和贪婪情绪，所以，参与者继续增多，成交量继续放大。如此反复，量价之间形成互相作用、互相影响的特点。如此这般

一直持续下去，直到市场供求关系发生根本改变。

（二）量价结合的经典分析法之格兰维尔的八阶律

关于量价关系，经过前面的讨论，我们已经有了相对较为客观的认识和理解，接下来，我们谈一下将量价结合的传统分析及使用方法。

量价结合分析，其实是许多做分析研究的人员与使用者们最为常态化的一种分析研判和应用主张。不仅如此，对于最经典、最传统和最流行的量价结合分析法，无疑非格兰维尔的八阶律（又称八准则）莫属，因为它包含了涨、跌、盘整三种走势情形下，及关联成交量时，二者演变时的规律特性。

1. 成交量与走势结合的传统运用规律的简述

一般而言，股价上涨，可以通过较大的成交量，或者成交量逐渐放大来确认其上涨走势。反之，股价下跌，也可以通过成交量变化情况进行验证和确认，只不过下跌时成交量多会以缩量为主。可在现实之中，这两句话自然只是笼统的描述，因为实际情况还会更加复杂一些。例如，当成交量对应了走势即将升破或者跌破的状态时，先以走势有向上突破颈线位、面临强压力位的情况为例，此时要实现突破上涨，则要有成交量的配合，如果没有出现量价正向匹配，突破往往会失败，走势反而会发生向下的转折。当然，如果是在向下破位或走势下行时，就不需要成交量的配合，若出现放量下跌，下跌走势反而会出现扩展，若是无量下跌，后面则会天天阴跌，直至再次放量出现——放量往往显示有新的资金入市抢反弹或抄底，后面再度缩量调整时，往往意味着走势要反转向上。

价涨量增，价跌量缩称为量价配合，非此类情形的，则为量价不配合。这种正向配合往往会验证当前走势健康与否，考验走势是否还将持续下去？如果量价不配合，则是背离，多预示着走势将发生转折，至少发生转折的概率会提高。

这里貌似描述的是量为价先的验证走势之法，实质上这只不过是一种便于表述上的权宜之计而已。因为，虽然看似量为价先行，但并不意味着成交量决定一切。在价、量、时、空四大要素中，价格是最基本的出发点，离开了价格，其他因素就成了无源之水、无本之木。所以，成交量一定要配合价格走势进行研判，但绝不是说成交量将决定价格的所有变化。对此问题的答案，可详见前面关于量价关系的讨论。

至于传统的量价结合分析的具体分析，可以详细参考由前人总结出来的"八阶律"——指在一个完整的涨跌趋势运作中，成交量与走势结合的八个演变阶段与规律特性。

2. 格兰维尔的八阶律介绍

（1）量增价平，转阳信号。股价经过持续下跌，到了相对低位区，出现成交量增加、股价止跌企稳现象——此时一般成交量的阳柱线明显多于阴柱，凸凹量差比较明显，这说明底部在积聚上涨动力，有主力在进货，为中线转阳信号，操作上可以适量买进持股待涨。当然，有时也会在上升趋势中途出现"量增价平"，说明股价上行暂时受挫，只要上升趋势未破，一般整理后仍会有继续上涨可能。

（2）量增价升，买入信号。成交量持续增加，股价趋势也转为上升，这是短中线最佳的买入信号。"量增价升"是最常见的多头主动进攻模式，应积极进场买入、与庄共舞。

（3）量平价升，持续买入。成交量保持等量水平，股价持续上升，可以在期间适时适量地参与。

（4）量减价升，继续持有。成交量减少，股价仍在继续上升，适宜继续持股，即使锁筹现象较好，也只能是小资金短线参与，因为股价已经有了相当的涨幅，接近上涨末期了。有时在上涨初期也会出现"量减价升"，则可能是昙花一现，但经过补量后仍有上行空间。

（5）量减价平，警戒信号。成交量显著减少，股价经过长期大幅上涨之后，进行横向整理不再上升，此为警戒出货的信号。此阶段如果突发巨量、天量，并拉出大阳或冲高回落跌出大阴线，无论有无利好或利空消息，均应果断派发，迅速离场。

（6）量减价跌，卖出信号。成交量继续减少，股价趋势开始转为下降，为卖出信号。此为无量阴跌，底部遥遥无期，所谓多头不死、跌势不止，一直跌到多头彻底丧失信心斩仓认赔，爆出大的成交量（见阶段8），跌势才会停止，所以在操作上，只要趋势逆转，应及时止损出局。

（7）量平价跌，继续卖出。成交量停止减少，股价急速滑落，此阶段应继续坚持及早卖出的方针，不要买入，当心"飞刀断手"。

（8）量增价跌，弃卖观望。股价经过长期大幅下跌之后，出现成交量增加，即使股价仍在下落，也要慎重对待极度恐慌的"杀跌"，所以此阶段的操作原则是放弃卖出、空仓观望。低价区的增量说明有资金接盘，说明后期有望形成底部或反弹的产生，适宜关注。有时若在趋势逆转跌势的初期出现"量增价跌"，那么更应果断地清仓出局。

（三）用量价结合分析法探寻主力行为的痕迹

除了前面所介绍的量价关系的几种争论，以及由格兰维尔所总结出来的量价结合的八阶律之外，量价结合还有更为实用性的功用，那就是对主力意图或者庄家行为及痕迹进行跟踪。按照某些说法，一旦掌握了这种方法，也就找到了市场的密码，从而就能够提高在实际操作中成功的概率。

同样源于《量价分析》这本书的启发，基于主力资金无论是要完成建仓或者出货任务，都少不了会在实施过程中留下某些痕迹与某种特征，而这种特征往往会通过两个主要的要素体现出来：一个是价格形态或者走势，另一个是成交量的变化。一般投资者如果未能掌握和了解到这两个要素及特点，往往会被许多假象所迷惑，从而使投资变得一塌糊涂。但是，倘若掌握了这两个要素及特征，尤其是将二者结合起来使用时，往往能够大大提高使用者们对主力行为和其真实意图的识别与判断，从而做出正确的操作决策。当然，这本书并非直接向我们揭示如何认识理解及应对主力的这一行为，而是站在主力的立场上，向我们展示主力自身是如何完成建仓和出货动作的。并且其间经常提及测试这个关键词。例如在出货时，主力发现次级别出现走势回撤，同时所对应的成交量明显出现萎缩，那么，主力就不一定会在下一次上涨时大幅度出货了，而是会选择持股待涨；又或者，在高位出现盘整时，尾端明显缩量了——

显示当前市场需求衰竭，那么，此时主力出货意图就会增强，一定会借机出货；反之，如果再度出现放量，那么主力将会继续持有、暂不做大规模卖出动作。当然，我们在此只是简单介绍这种方法，具体情况还得去参考原著。

二、量价关系中几种基本情况的分类说明

除了前面介绍的格兰维尔的八阶律外，通过进一步思考和研究，我们发现量价结合分析还存在以下几种大的分类，具体情况可参考如下所述：

（一）成交量三种基本分类下的价格演变情况的说明

第一种是增量形态下，分为量升价升，或者量升价跌，又或者量升价平三种分类情况。顾名思义，这一种情况是指，当成交量持续增长时（放量状态），价格（走势）分别对应了跟随上升，或者走平，或者下跌三种情况。

第二种是缩量形态下，分别存在量缩价升，或者量缩价跌，或者量缩价平三种分类的情况，至于各具体情况不赘述。

第三种是量平形态，也分为了量平价升，或量平价跌，又或者量平价平三种情况，各具体情况在此不再赘述。

至于以上各种分类情况，在当下和未来走势具有怎样的研判及警示意义？我们继续用常态或是变态来识别，如果是常态，即量价正面配合，那么走势将保持原来趋势；如果是变态，也即量价背离，那么就要防范走势发生转折。

（二）不同走势阶段中成交量变化的分类讨论

在传统或者经典的形态学中，将走势或者形态划分为几种情况，我们将这些情况与对应的成交量的变化特征进行了分类说明：

第一种情况，在趋势构造过程中，存在几种常见的经典形态，如整固形态、三角形、旗形等，而现在问题的关键在于，若要支持新生趋势继续上升或者下跌，完整完成当前趋势的构造，那么，对应的量能演变又该具有怎样的特征？这需要分类说明。

基于这几种经典形态的分类都是中继形态，那么按照趋势性质划分的话，上涨趋势构造过程中的中继形态，无论是三角形，还是旗形，此期间对应的成交量往往略小于前期。反之，在下跌趋势中，这种经典下跌中继形态所对应的成交量往往也会小于前阶段。但是，如果实际上这两种分类情况下成交量出现了相反的变化，那么当前走势形态是否为中继形态就会大打折扣。

第二种情形，是趋势即将发生转折时，也即行情最高点或最低点处，对应的成交量如何演变？仍旧是分类说明之：在处于上涨趋势时，如果成交量出现异常放大，或者出现所谓的量价背离时，那么走势发生转折概率将大增。反之，当前趋势就会在所观察的单位周期级别内扩展顺延下去。下跌趋势的情况与之相似，只是成交量变化反过来看。

最后，补充一种实际中常见且常用的情况，比如走势处于横盘行情中时，此时所对应的成交量又该具有怎样的演变特点呢？这里需要对盘整形态正处于趋势中什么位置进行分类说明。又如，当盘整形态出现在上涨初期时，盘整形态所对应的成交量变小了，这往往是多头为了持续收集筹码所造成的表象；反之，当盘整出现在下跌走势初期时，那么，空头为了派发筹码，往往会尽量掩盖这种意图，从而保持成交量不使其明显放大。当投资者不明白这种变化时就会被迷惑，从而错失出逃机会或者躲过下跌的风险。

（三）传统量价结合分析的基本功用简述

正如前面所述，我们从多位从事量价研究者的研究结论中，还有那些具有较好实战使用经验人士的心得中，提炼出量价结合分析所具有的几点常见功用性：

（1）用来研判、验证宏观或长期趋势的反转之用；

（2）研判、验证短期走势反转，以及与中长期走势叠加时的反转走势之用；

（3）研判、验证超短线走势的反转（实现日内交易）之用；

（4）跟踪与确认主力行为痕迹和其真实意图，并制定正确的操作策略，提高自己操作胜算之用。

三、量价结合分类分析之法

所谓量价结合分类分析之法，是我们区别于传统或经典量价分析理论的关键核心所在。在了解和学习格兰维尔八阶律时，我们兴许早就发现，八阶律已经初步具有量价结合分类分析的意思，只是还不够系统、完善和明确，而且这八种分类也只是将量价结合的演变做出了大致排列组合的情形，可在实际中，情况往往会复杂很多。这八种经典量价结合分析法，用以研判、验证未来走势，以及用来指引操作策略时，有时候或许会差强人意。于是，在此基础上，我们才发展出了量价结合分类分析法及其运用原理的介绍。

至于何谓量价结合分类分析之法？我们暂且先做一下简单的介绍，本书后面章节还会有更为深入和具体的讲解。

（一）成交量与走势结合的分类分析法简述

实质上，成交量与走势的结合，简单直白点说，就是量价的结合。至于分类分析法，是源于走势或价格形态上存在的分类特征，除了走势性质上的划分，各种基本形态元素的分类，还有同性质、同类型、同形态元素等，均客观存在不同分类的情况。那么，这些不同分类情况下的走势和价格形态，对应的成交量情况是否也存在分类特征呢？自然是存在的。这也是我们所要探讨的重点内容。若要讨论清楚这一点，必将对实际运用中走势推导和研判的准确性具有关键作用。

其实，走势上具体存在怎样的分类特征和规律，这在《解缠论》系列书籍中早有具体的介绍，并非本书探讨的重点，至于走势各种分类情况中所对应的成交量情况，又具有怎样的分类特性呢？则是本书中接下来所要讨论的。而且我们反复强调，一定要先将成交量与走势结合起来，如果将二者分裂开来，那么是不可取的，毕竟走势所存在的分类特性，与成交量的分类特点是相互影响、相互依存的。

展开来说，按照《解缠论》系列书籍所介绍，走势分为五个元素，每一种元素都分为好多种不同类型，如分型、段、中枢、趋势等形态元素，各自又分为好几种不同的走势类型，这些相同元素的不同走势类型却又存在某些差异，这些差异主要体现在走势结构、走势中的重要高低点等之上。源于这种差异，随之又产生了新的问题，譬如结合实际之中案例，我们发现，同一种元素在不同的走势类型上，往往存在走势结构上的差异，同时，每一个不同类型的走势段对应的成交量的变化情况，往往也会各不相同。简单点说，原本预计相同的走势元素，因为出现不同走势类型和走势结构，与之相对应的成交量也不一样，但问题是，由此所得出的研判结论，是否应该保持一致呢？

例如，同样是创出新高，有时候背离段的末端对应了天量，而有时候背离段的末端却并未对应天量，甚至出现相较于前期高点对应成交量要小很多的情形——即量价背离的情形。虽然出现走势与成交量结合后两种不同的分类情况，可是，根据后市走势的结果看，这两种情况下都是转折拐点，在当下都要做卖出动作。因此，人们所存在的疑惑是，如果得到一致的研判结论，那么走势上和成交量上的差异如何解释？

或者此前我们源于没有经验，没能准确认识到这种分类特性，可是对于未来，我们应该注意些什么？又该如何准确识别这种差异，从而得到最终准确的研判结论呢？有关以上问题，若要做出回答，需要在本书后文寻找答案。

介绍至此，相信很多人都已经困惑于此，除了在转折拐点存在不同成交量的分类特性之外，其他走势元素或其他走势阶段所对应的成交量的情况，是否也具有这种分类特征呢？答案自然也是肯定的。

于是，我们又得出几个新的问题，分别是：其他各形态元素与成交量结合时具有怎样的分类特征？又该怎样进行分类分析之法呢？其具体原理是什么呢？具体答案也可参考后面章节。

（二）由单一到多重级别的走势与成交量结合的分类分析法介绍

前面我们所讲述了走势与成交量分类特征，但这只是在单一级别中的情况。如果了解过《解缠论》系列中有关级别理论的知识话，你会发现，单一级别上的量价特征不足以指导实际投资中更为现实与复杂的问题，因为实际情况会更加复杂、更加难以把握。所以，在级别理论中，我们将主次大小的不同级别、同期走势的情况进行研究，继而寻找到了走势之间的某种规律特性。这种规律特性能够更好地辅助我们对不同级别走势进行精准推导和研判。如果再加上成交量要素结合研判，更是如虎添翼，极大地提高这种研判准确性。我们再深入一步，成交量要素与走势结合，是否在不同级别之间也存在某种规律特性呢？换句话说，主次大小级别中的走势，如果结合成交量要素，是否也存在某种分类特性，而且对这种分类特性进行掌握的话，就能够更好地提高我们对走势的预判性。答案是毋庸置疑的。

如果单一级别中存在走势与成交量结合的分类特征，那么，任何级别上也应该存在这种规律特性，那也应当存在这种所谓的分类分析之法。情况还不仅如此，正如走势在大小级别之间存在某种规律特性之外，因此相应的成交量应该也存在某种规律特性。我们认为，这也是隶属于分类分析之法范畴的。

最后归纳总结下来，在主次大小级别中，其综合用法的要点有：

一是量价结合适用于任何时间级别，分类分析法也是适合任何级别，具有普适性；

二是大级别中的形态或走势，与小级别中的走势在量价结合上存在某种规律特性，具体详见后面的章节介绍。

（三）量价结合分类分析的主张

1. 主张将成交量与走势结合起来（解缠论系列有详细介绍，此处不再赘述）

在《解缠论》系列书中，曾介绍了背离理论，正如前面所介绍的，背离理论的实质是多空二力博弈的状态和结果，而无论什么性质力，其实质都源于成交量。所以，前书中所讲述的要将形态学（实际上就是走势）与动态学（实际上就是量能）结合起来研判，就是主张量价结合的意思。

随之，新的问题出现了，例如，在上面介绍传统的量价结合分析法时，分别按照成交量和走势两种不同情况下的分类分析主张。但这一切不够，也不足以为实际中的走势研判提供更准确的提醒作用。

为了能够更加准确地表述我们的观点，我们先将传统的量价分析理论与我们所主张的分类分析的观点进行对照说明，再将我们量价结合分类分析法展开大致介绍——对比出创新在何处？

2. 通过与各种经典形态理论的对照，强调量价结合的重要性

（1）波浪理论与趋势对照。在经典波浪理论中——暂时以上涨情况为例，对走势描述为五升三降形态。可是，很多人早已知道，波浪理论未将成交量要素如何与走势进行结合研判展开研究，而是单纯地描述价格走势的形态特征。可是我们所定义的趋势，却一定要和成交量结合研判，这样才能准确地判断出趋势是否转折。

无论是波浪理论对完整走势的描述，直至其发生走势转折，还是趋势发生转折时所对应的分型元素情形，要对此走势的转折做出确定的研判结论，都需要与成交量要素相结合起来——这就是我们所主张的。

（2）箱体震荡与中枢对照。在没有中枢这个概念时，人们对区间震荡形态的术语多称为箱体震荡。箱体震荡在某些情况下确实是十分直观的描述，但我们又发现，箱体震荡不过是一种典型形态的说法，实际上还有很多种不同类型的震荡形态，难以用箱体来表述和解释。而中枢貌似可以囊括这一切。所以，我们认为中枢更能胜任箱体震荡这种经典表达，因为中枢包括了所有非经典的震荡形态。

（3）江恩与时空级别理论对照。江恩理论是最为经典的时空理论，在对价格形态和走势在时间及空间级别上所存在的规律特性进行了系统的探讨，只不过这种探讨也体现了江恩的复杂性的一面。而且实用性上也存在一定的问题。至少它也忽略了成交量这个因素。

基于江恩运用的复杂性，把问题搞得复杂化了，所以在与我们所强调的级别理论对比时，也就显得相形见绌了。而级别理论才是最好的时间或者空间理论阐述与解释者，具体魅力怎样，详见《解缠论》系列书籍介绍。

（4）黄金分割。黄金分割与神奇数字关联，这种神奇的数字演变规律，在描述股价运作的空间特性时，有时候确实令人惊叹。可惜，在关键的当下，如果没有量能的结合研判，出错概率就会大很多。因为黄金分割率与江恩一样，只能预测重要节点，但无法提前预测未来是买点还是卖点。所以，从实用性出发，这样的预测是没有太多意义和价值的。

综合以上所述，我们了解到，各种经典形态理论，无论波浪理论、箱体震荡、江恩，还是黄金分割理论，都忽略了成交量要素。同时，在将上面各种经典形态与我们所定义的趋势、中枢、分型等形态对照时，还有将江恩与级别理论对照时，我们发现，量价结合分类分析法貌似有了较好的突破口。这样的突破，也便于我们将这种创新的分类分析法讲解清楚。

我们不仅仅要将本理论形态学与传统和经典的形态学做对照，还要强调任何形态理论，无论经典，还是非经典，都要与成交量相结合进行研判。当然，更需要强调的是，此时我们仍旧是在用正常的思维进行探讨，并且这种探讨仍然只停留在了单一级别中，倘若联系到多重级别，我们就会发现，成交量与价格结合分析适用于所有级别，而且主次大小级别之间存在某种关系，具体详见后面章节的介绍。

（四）成交量大小与价格走势空间具有守恒特征（这是自然法则的体现）

成交量与价格运行空间存在守恒特征，这是自然法则在市场中的具体体现。展开来说，成交量越大时，价格运行空间越大——无论是涨跌空间，都将呈正比放大；反之，成交量越小时，涨跌空间则相应变小。

第三章

量价结合分类分析原理

概要

何为量价结合分类分析原理？在笔者其他专著中，我们发现走势是分类的，即使同性质、同类型、同元素的走势或形态，均存在分类的特征。这就是说，股市从技术层面上看，就是一个分类系统。那么，由此可确定，除了走势存在分类特征外，对应的成交量要素自然也是具有某种分类特征的。于是，在将二者结合起来分析研判时，定然也存在某种分类特征。至于量价结合后，究竟存在怎样的分类特征或运用原理，同时回答前面章节所留下的系列疑问，则成为本章所要探讨的主要内容。

第一节

走势与成交量结合分类特征

一、走势分类特征的启示

（一）分型分类特征及实例解析

之所以列出以分型为例进行解说，是源于掌握了分型的研判方法就能够对走势的转折和拐点做出研判。这一点相较于其他元素，如中枢和趋势等元素而言，分型无疑最为实用。

1. 分型结构的分类解析

如图 3-1 所示，列举了顶分型四种典型分类情况。我们假设四种情况刚好出现在某级别、一个即将完整完成的上涨趋势中，且已进入顶分型构造完成之际——以下四个图例实际是已完成的分型结构，只不过是具体体现在次小级别中的情况，当我们上升到大级别走势观察时，基本可以确定上涨走势即将面临转折。

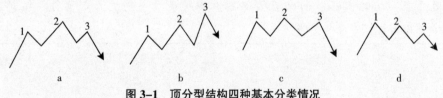

图 3-1　顶分型结构四种基本分类情况

为了直观易懂，在将以上结构进行合并、上升到更大级别去观察时，我们发现，以上四种结构将形成由三根 K 线构成的顶分型形态，如图 3-2 所示。

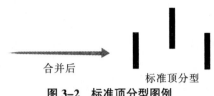

图 3-2 标准顶分型图例

将图 3-1 和图 3-2 对比发现，二者实际上是同一阶段内，主次或大小级别上走势结构与价格形态的不同展示而已。图 3-1 是次小级别中的具体展示。在实践中，定会客观存在的四种不同分型的构造结构图形，而图 3-2 则是主级别走势中标准顶分型（如果要进一步细分，分型也会有几种不同情况的分类），当然，图 3-2 是图 3-1 合并后的整体情形的展示。

分型，作为一种走势形态出现，其实用价值在于，描述了走势完成并发生转折的过程。从某种情况上看，它实际上是走势发生的临界点，或者称为拐点更为贴切。

这是我们将其主观定义为走势转折的拐点，或者从已经完成的历史走势中所做的界定，但在实际中，当貌似某分型的构造结构出现时，我们会以为它将是转折拐点。可实际上呢，有时候它却只是一个中继形态。至于如何界定和识别出实际上出现的是分型结构，还是中继形态？有时候需要结合成交量的要素作为辅助研判工具。因为只有通过成交量要素，才能够更为准确地识别和判断出真伪的分型。

以上述图例为例，在走势处于上涨过程中，貌似出现了顶分型构造结构——同时，再结合成交量要素展开分析：如果实际上出现了放量情况，那么，顶分型演变为中继形态的概率就会提高；反之，对应的量能情况出现明显缩量，那么，最终确定为顶分型的概率就会增高。

当然，需要强调的是，我们在此列举的是顶分型的图例，这实际上是已经先入为主地确定它就是顶分型的情况了。这便于我们继续向下解析，学习者也更容易理解。基于我们目前讨论的问题关键在于，顶分型结构在次小级别上会出现不同种类型，并且最大区别在于，在图 3-1 中 1、2、3 谁才是最高价位？如 a 中 2 处于最高价位，b 中 3 是最高价位，

d 中 1 是最高价位，而 c 中 1、2、3 三处的最高价基本持平。可是，回到实践中，我们却要在当下能研判出谁将成为最高价位？而非以上已经出现的历史事实。

在最终完成的顶分型中，次小级别分型结构中谁（是 1 或 2 或 3）才是最高的价位？——毕竟这将决定了我们当下选择卖在哪个点位，由此获得最高收益率的效果。在此以前，我们以为，这一点是难以精准预测的，何况在当下对未来情况做出提前的预测结论，似乎是难以做到的。可是，如果我们结合了成交量要素后却发现，有时候是能够对次小级别走势中各阶段性的高点进行识别和确认的，并由此得出精准有力的判断结论。譬如，以下就是我们的经验之谈：

当次小级别中的 1 出现后，如果对应了超大成交量（巨量）情形，在后市惯性冲高时，即使再度创出新高（有较大概率出现）了，那么，2 处可能就是最高点，从而构成最佳的卖点（隶属图 3-1 中 a 的情况）；可是如果对应 1 处出现明显缩量状况，至少相较于前面成交量明显萎缩，那么，形成转折概率就偏大，于是 1 处成为最高最佳卖点的概率提高，这类似图 3-1 中 d 的情况；如果 1 处对应成交量温和，没有极端放量，也没有明显缩量，那么，后市出现 b 和 c 情况的概率就会增高。

当然，以上情况之后，至少还要继续跟进，如再进一步确定出现 2 时，成交量变化情况会怎样？因为还要以此决定谁才是最高、最佳卖点。虽然如此，可是很明显，待到 3 出现时，这两种情况相较于前两种却增加了不少时间成本，至少还需要耐心等待较为长的时间——花费的时间也是一种成本。如果我们说这种顶分型构造结构会出现在任何级别中，那么，当级别越大时，完整构造完成每一个高点所需要的时间就用越大级别的时间周期计算。也就是说，级别越大，时间成本随之越高。

只是还有一个疑问在于，走势结合成交量要素，真的能够提前并精准研判出谁才是真正的最高价也即最佳卖价吗？又或者说，我们上面所描述的研判方法只是一种典型情况下的研判呢？毕竟，同一个顶分型，在次小级别构造过程中，客观存在至少四种分类情况。这貌似告诉我们，走势终将以哪一种类型示人，是难以提前精准预测出的，最佳卖点也是难以提前预测出来的。因为市场是动态的、变化的。在实际中，即使在 1 处对应出现了你自以为最大的成交量，但走到 2 处时，你却看到对应的成交量貌似又放大了很多，2 处已经明显高过于 1 处。当你认为故事已经结束了，实则不然，走到 3 处时，发现 3 处所对应的成交量再度超越 2 处和 1 处了，只是股价却没有创出新高——说明 2 处就是最高，是最佳卖点，真要等到 3 出现时，只不过多浪费更多时间而已。由此可见，实际上不到最终完成某走势的构造，是无法提前就精准确定出走势终极结构的。因为这一切都要等到走势完成和结束后，才能最终确定出来。所以，我们的观点是，提前预测，无论是否将走势和成交量有机结合，都不一定能够得出精准和完整的结论。

于是，细心人不禁要问了：前面列举顶分型分类特征，讲了一大堆方法，结果却又将自己的结论推翻，这不是自相矛盾吗？难道此前所讲的一切，就是为了证明这种矛盾和市场不可预测的结论吗？自然不是。

因为我们这样做的目的是让每一个阅读和学习本书的投资者了解到一个事实和真相，即除了走势是分类的，市场是一个分类系统外，基于成交量也隶属于市场技术要素之一，所以成交量也存在分类特性。在将其与走势结合起来时，更存在分类特征。这种分类特征实实在在地告诉我们，市场中分为典型和非典型的情况，我们实际中除了要学会识别典型情况外，也要识别出非典型的情况。换句话说，典型情况提示了卖出或买进信号，那么非典型情况有时候应该尊重这种买卖信号的提示而果断采取行动。否则，错过了，将会错失利润，或者承担损失本金的风险。

所谓典型和非典型，以往许多过来人已经提炼出大量经典形态，如经典 K 线组合形态，或者某些经典形态理论。其实这一切都是可以归纳为典型形态的范畴。如果我们学习过、遇到过，如在当下遇到这种典型形态时，那也许能够做出理智决策和行动。但是，如果遇到的是非典型的形态呢？相信会使很多人陷入困惑中。学习完本节的内容，我们心理上至少会对市场有一个更为客观正确的理解和认识。那就是，走势和成交量都是分类的，市场就是一个分类系统，我们应该学会和懂得如何从多种可能性的分类情况中识别出最为确定性的种类，从而决定我们当下的买卖行为。

除上之外，分型作为临界点，在结合成交量研判时，确实可以很好地提高我们研判的准确性，至少在单一级别中貌似简单许多，胜算也会提高很多。但是，分型在次小级别的构造过程中，多为一波三折的结构，每一个次级别走势段的临界点都对应了一个分型。当我们降低观察级别，在次小级别中发现超过三个同向走势段和分型出现时，并且经过合并处理后，大级别上就会构造出一个分型来。这说明，主级别中的任意一个走势元素，如分型，在次小级别中看，不过是被拆分开来、放大了的构造结构形态。例如在图 3-2 中，是大级别的顶分型，整体上看，就是某大级别上的一个卖出点位，可是放到次小级别，结合图 3-1 中对照看，却连续出现 1、2、3 三个卖点，并且三个小级别卖点在价位上会有较大的差别。如果实际上未能识别出谁才是最佳、最高卖价话，即判断错了话，那就会存在收益上的差别，就会少了许多利润。只是，这一点若放大到主级别中去看，卖出都是正确的——因为次小级别都是大级别顶分型构造中的一部分。主次大小级别之间的形态关系与规律，以及构造结构特征应该熟悉掌握之。这里列举案例是大级别为顶分型结构，但同阶段次小级别中却出现了中枢构造结构的情况，当然中枢结构还分为四种类型情况，具体可见后面的讲解。

2. 分型结构的实例介绍

根据图 3-1 所列示的顶分型的四种分类图例，我们在同一品种（科大讯飞）的不同阶段，分别找到了对应图 3-1 中的四个实例图形，具体如图 3-3 所示。

图 3-3 与图 3-1 中的 a 相似，隶属于同一分类。在这一种顶分型结构中，最为典型特点是，2 处于最高价位。同时，在这一类型的三个最高价位 1、2、3 处，分别对应的成交量明显属于逐渐萎缩的状况。综合这几点，走势出现顶分型的构造结构，三个高点逐次所对应成交量明显萎

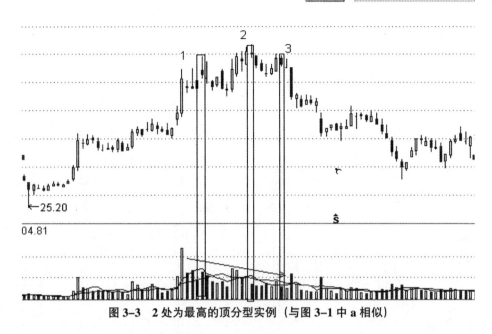

图 3-3　2 处为最高的顶分型实例（与图 3-1 中 a 相似）

缩下去（图 3-3 下方量柱图）。将二者合一后，就能预示和研判后市发生转折的概率会提高，下跌将变为大概率的事情。此后事实也证实了这一点。

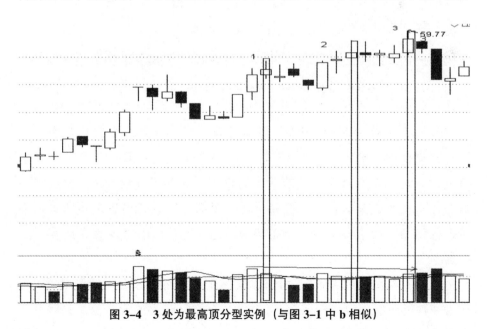

图 3-4　3 处为最高顶分型实例（与图 3-1 中 b 相似）

图 3-4 与图 3-1 中的 b 相似，隶属于同一种分类。在这一种顶分型类型中，最典型特点是，3 处为最高价；同时，三个最高价位逐次所对应的成交量呈现走平或略微缩量的状态。于是，综合这两点——在顶分型形态构造结构出现，成交量走平甚至萎缩时，即可预判后市将会出现转折，至少出现下跌走势的概率会提升。此后的事实证明了这一点。

图 3-5　3 处持平的顶分型实例（与图 3-1 中 c 相似）

图 3-5 与图 3-1 中 c 相似，隶属于同一种类型顶分型结构形态。在这一种类型中，最大特点是 1、2、3 三处为最高价，且三处最高价基本持平，同时，各处对应的量能逐次出现缩量或者局部放量——但整体仍是缩量水平的状况。再将走势和量能情况综合后，即得出走势即将发生转折的预判，后市将构造下跌走势的结论。此后的事实也确实证实了这一点。

图 3-6 与图 3-1 中的 d 相似，隶属于同一种类型顶分型结构形态。在这一种类型中，最大特征是，1 处为顶分型结构中的最高价，此后再度出现的 2、3 分别为次高价位，并且从后面 2 处开始，所对应的成交量明

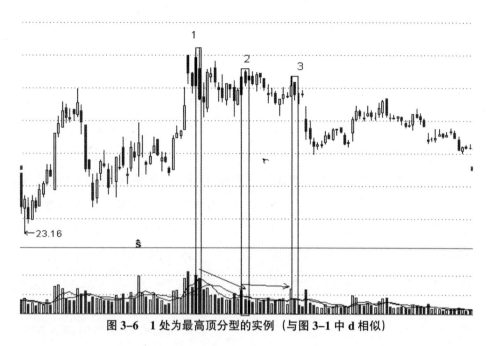

图 3-6　1 处为最高顶分型的实例（与图 3-1 中 d 相似）

显萎缩。综合这两点要素揭示出的情况看，可预判后市将要发生走势的转折，至少进入下跌的概率将会提高。

综合以上四个实例图介绍，至少具有以下几个作用：

一是有力地验证了我们所强调的顶分型结构中，客观存在的四种基本分类特性的结论。也就是说，走势是分类的，这里充分证实了顶分型也是分类的。

二是基于顶分型结构是分类的，所以对应的成交量情况也是分类的。但源于此处我们主要强调和假定当前是分型构造结束，后市事实证明，走势确实发生了转折的情况。于是，量能变化情况实际上属于某一大类，即隶属于分型结构中出现量价背离特征的这一大类。假如我们掌握了这一情况，那么，对于实际中出现分型雏形和量能背离特征时，就可以判断走势随即发生转折。至少发生转折的概率可能性会大幅提高。而成交量要素有时候结合走势进行研判时，实质上起到了确认和验证作用。

三是除了对整体走势转折与否的研判作用外，其实只要我们观察的级别足够大时，以上 1、2、3 三个峰值价位之间不仅仅存在价位大小之差（即盈利多少之差），还存在时间之差——亦即时间成本的问题。例如在图 3-5 和图 3-6（即情况 c 和 d）中，如果当下能判断出 1 处就是最高价位，亦即最佳卖点的话，那么，根本无须等到 2 甚至 3 的出现，再去做决定。因为按照日线级别算，在 1 处卖出后，即使等到 2 或者 3 出现时，至少相差十几个甚至几十个交易日。如果中间的空间幅度较大，那么都可以完成几轮波段操作了——这当然是一种理想状态的描述。但是，如果级别小，如在 1 分钟走势图里，即使 1 与 2，或者与 3 相差十几分钟或者几十分钟的差距，又或者价格之间存在差别——但源于级别太小，却不会对收益率造成太大的差别。暂且抛开级别大小的问题，眼下还有一个当务之急的任务是，对于图 3-5 和图 3-6 中的 1 这个最高卖点——如何提前精准识别和研判出来呢？

四是先回到前面四个实例图，图 3-3 至图 3-6，都是日线级别走势，当将其合并和上升到更大的周线甚至月线级别观察时，我们发现，在更大级别中那个由三根 K 线构成的顶分型——这是一个卖点，不过是更为宏观的体现和表述而已。

这个更大级别的顶分型，作为卖点往往更为宏观，时间和空间的误差定然会很大。因此等到该级别顶分型最终完整完成其形态的构造，最佳卖点或许已经远离了。毕竟在日线级别上，我们似乎更能够确立 1、2、3，三处中谁才是最佳、最高、最精确的卖点？换句话说，基于次小级别中的构造形态和结构，最终都是大级别整体归属的话，那么，是否可以说，对次小级别走势和量能结合研判，就能够帮我们提前研判出更大级别的最佳卖点呢？不仅如此，还可以帮我们实现，既节约时间成本，又能够提高收益率的功效。

最后，需要说明的是，以上列举的是顶分型情况，如果是底分型，原理和方法是相似的，只需要反过来看就可以了。同时，基于以上实际案例是日线级别的，按照走势规律特性的启示，我们认为，以上走势和成交量结合的分类特征同样适合于所有级别，而且次小级别和大级别之间存在某种量价结合的规律特性。

（二）中枢、趋势结构分类特征与实例解析

在《解缠论 3.0》中，我们将中枢和趋势元素的分类情况，至少各自列出了好几种。基于目前探讨主题和篇幅问题，我们只列举了其中几种较为典型的类型进行解说。仍以上涨趋势为例，包括中枢结构，也以上涨趋势中的"下上下"结构为例。

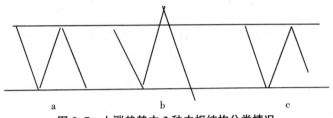

图 3-7 上涨趋势中 3 种中枢结构分类情况

图 3-7 是上涨趋势中 3 种常见的中枢结构，区别在于最后一段的状态，最高价相等的收敛态？还是出现了最高价的扩张状态？非常明显，图 3-7 中枢 a 是标准中枢结构，中枢 b 是扩张结构——最后一段两端分别是最高点与最低点，且将前面两段包括其中，而中枢 c 则是收敛结构——最后一段被包含于前两段之内。

我们已经知道了，中枢在趋势中担当着非常重要的构造部件，以上所列举的中枢结构为上涨趋势中的三种类型的中枢，这是从独立中枢自身上所做的分类，至于提及趋势，按照定义至少包括两个中枢，方才构成一个趋势，无论涨跌性质皆是如此，但基于篇幅和探讨主题所限，我们仍以上涨趋势为例，列举出 3 种常见的趋势形态，如图 3-8 所示。

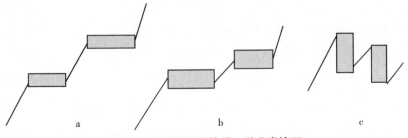

图 3-8 上涨趋势结构的 3 种分类情形

图 3-8 描述了 3 种趋势结构的分类情形，基于整体重心是向上，所以仍旧全部定义为上涨趋势。但不同在于，在左边 a 图中两个中枢没有产生交集，中间 b 图中两个中枢产生交集，右边 c 图中不仅产生交集，而且后半部分的重心明显下移，只是结构和节奏上仍旧符合完整趋势定义。

受走势分类特征的启发，此处根据中枢和趋势客观存在的分类特征，与成交量要素结合起来观察，我们发现，如若走势存在这种分类特征，那么，与成交量结合时，也具有分类特征。而且成交量作为确认、验证和研判之用时，其结论往往更为精准、精确。

为了能够清楚准确地解析量价结合分类分析原理，我们决定借用实例进行分析，如图 3-9 所示。

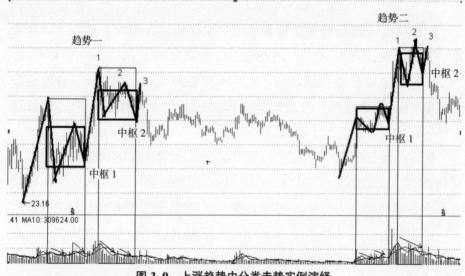

图 3-9　上涨趋势中分类走势实例演绎

图 3-9 截取的是科大讯飞某阶段日线级别的走势图，一共描述了上涨趋势中两种不同分类情形，分别是趋势一和趋势二（见图 3-9），但是，两个趋势的时间跨度较大，并且中间还包括了一个下跌趋势。如果将实例图 3-9 中的两个趋势，与图 3-8 三种上涨趋势对照发现，趋势一类似 b 和 c 之间，而趋势二类似于 a，当然只是类似，并非完全一样。

基于这一切分析都是为了推导和研判未来走势之用的，所以，回到当下和实际，从实用性角度出发，并根据走势完整性要求，我们应该明白一点，任意一个趋势，要完整完成构造，都需要完整出现两个中枢结构——这正如上面实例图所展示的，在趋势一和趋势二中，至少分别包括了两个中枢的结构。待到跟踪观察到两个趋势完整完成其构造了，再结合成交量情况，对走势研判结论做确认和验证。

回观图3-9中的趋势一和趋势二，待其完成构造时，各自标示3处（走势最终衰竭时最高价位处）所对应的成交量，与前面两轮上涨走势段对应的成交量相比较，明显缩量。不仅如此，再将前面1或2各自所对应的成交量比较时，也均出现了缩量现象，前者是整体趋势衰竭时对应的量能萎缩（或背离），后者是次小级别走势结构中量价背离。主次级别走势和量能形成顶背离共振，于是走势转折概率增大。

讨论至此，我们在参考笔者其他专著所揭示出的规律及其提示时，又了解到，当量能不济，加上走势趋于完整完成，尤其是已经出现第二个中枢结构时，那么，后市走势发生转折的概率偏大。

以上分解的是趋势元素的走势中的分类分析情况的实例解析，那么中枢元素呢？

在开始前，我们先清楚中枢出现的启示意义。中枢，实际上是某种走势中途出现的破坏段结构，例如在图3-9中，是在上涨趋势中途出现的，那么，该中枢就是破坏当前上涨的结构或形态。细究其背后本质，实际上是做多合力出现了分歧所致，这种分歧是所谓做空的分力出现，有了分力的出现，在实践中就是卖出的开始，所以价格会下跌，于是会有下跌走势的出现，而中枢就是这种完整表达下跌走势的结构形态。

在图3-9的趋势一中，中枢1类似图3-7中的c，中枢2类似a，而趋势二中的两个中枢均类似b，至少隶属其中的一种类型。在分别分析趋势一和趋势二中各个中枢所对应的成交量变化情况时，我们也可以发现，基于每一个中枢结构都不同、存在分类特性，同时，各自对应的成交量也具有类似分类特征。例如，在趋势一中的中枢2所对应的成交量，整体上小于中枢1对应成交量，但趋势二中的情况则刚好相反，趋势二的中枢 2 对应成交量整体明显高过于中枢 1 区间内成交量。这种差别提醒我们，趋势中后一个出现的中枢所对应的量能，不一定会高过于前一个中枢所对应的量能。那么由此证明，过去那种认为，后一个中枢区间对应的成交量一定会大过于前一个中枢区间内对应的成交量的观点，在实际之中，并非绝对会出现和成立的。

即使如此，我们在此所要讨论的重点是，观察中枢内部各段对应量能演变情况：若发现中枢内部的上涨段，伴随股价上涨时出现放量，出现下跌段时，又会再度出现缩量，直至待到中枢最后一段构造完成时，对应的量能相较于前者都有缩量——当这种情况发生在实际案例中时，就是一种信号。也就是说，意味着主力洗盘结束（一般出现在中枢 1 阶段时，定义为洗盘概率偏大），又或者意味着主力出货结束（出现中枢 2 时，定义为出货的概率偏大）。结合这两种情形假设，但凡发现主力某种意图结束后，市场购买力就会立刻显得不足，从而造成量能不济的现象，由此造成股价出现新的变化——中枢 1 构造结束，后市继续上涨；中枢 2 结束，后市先涨后跌，直至走势发生转折、出现拐点为止。

除了上述分解，关于中枢结构分类讨论，还有更为实用的目的，那就是，只要观察和分解的级别足够大，又能够准确判断出中枢内部各段临时转折点时，就可以辅助我们完成所谓波段交易。无论哪一种分类情形的中枢，均是如此。

当然，以上案例所做的分析也只是诸多趋势、中枢等元素与成交量结合时分类分析情况中的某一两种情况而已，绝非市场中全部的情况。甚至以上所列举的分类情况都不是经典的情形，只属于那种平常的情形，是揭示市场之中走势与成交量结合时，某一种较为典型类型的情况分析。

最后，围绕上述实例，再对趋势和中枢分类分析原理，做个回顾与小结：

无论是在趋势一，还是趋势二中，中枢 2 结束后，旋即出现最后一轮上涨段时，所对应的量能如果明显小于中枢 2 前面的一个上涨段时的量能时，于是出现了量价背离——也就意味着整体趋势发生转折概率增大。同时，在中枢 2 内部，通过结合前面两个高点看，无论 3 处是否创出新高，只要出现了量能萎缩时，次级别内也会出现走势转折，至少涨至 3 处这个最高价位时，当前主级别走势终究还会发生转折。

至于趋势内部的两个中枢，各自对应的成交量情况也会存在差异性——这种差异性就是分类特征的体现。只是从中枢本身看，由于它并非当前主级别的走势结构，往往只属于次小级别中的走势结构和表现形态。换句话说，当前看到的中枢结构都是降低了至少一个级别的产物。所以，对中枢内部各走势段，尤其是各段两端拐点的研判，还需要进一步降低观察分析的级别，借此试图找到各段买卖点，完成波段操作。至于如何与成交量结合研判？有时确实能够找到一些规律特性，并借此对中枢结构的完成情况做研判和验证。基于中枢结构的定义，大致划分为三段，上涨趋势中的三段结构是"下上下"，往往后一个"下"对应的成交量会小于前一个"下"所对应的量能，当这种现象出现时，往往就意味着当前市场已经趋近于临界点。我们仍旧对照图 3-9 中各中枢内部最后一个下跌段，观察对比各自所对应的量能情况，发现相较于前一个下跌段的能量，基本上都呈现缩量的特征——成交量萎缩即意味着走势衰竭和完成。再通过观察中枢后面的走势看，新的上涨段果真出现了——此后事实有力证实了该结论。此时列举的是上涨趋势中的中枢情况，与所对应的量价结合分类分析原理与用法的介绍，对于下跌趋势中的中枢的情况介绍，其原理是相似的，只需要反过来看和用即可。

二、走势与成交量结合分类特征简述

基于价格形态和走势按照《解缠论》系列书中的形态学分类，一共可以分为五个元素：笔、分型、段、中枢和趋势。其中的分型、中枢和趋势与成交量结合，已经在前面进行过实例讨论，确实客观存在某种分类特征。在实际运用中，若能够掌握这种分类分析特征话，那么，将会对我们的操作具有非常直观有效的指导作用。

受走势分类特征的启发，我们在将走势和成交量二要素结合起来分析时，实际上就是量价结合，发现这种结合也存在某种分类特征。具体归纳下来，所谓价格走势与成交量结合分类特征有：

例如，在分型结构中，真正转折的拐点对应着几种量能情况，以图 3-9 中真正拐点 3 处来说，相较于前面 1 处或 2 处，对应了明显的缩量和平量的特征。除此之外，现实中还会有拐点处对应天量的情况——不过这里暂时没有列举出来。但以上种种，都是量价结合分类特征的体现之一。

又如，在中枢或者趋势的构造途中，成交量也对应着不同种类的变化情况。我们上面所列举的案例只是列出了趋势完成构造，背离段出现量价背离的情况。可是，据此我们应该了解到，这只是分类情况中的一种而已，实际中也会出现背离段对应放量甚至天量特征的情形，并且事后回看，此背离段就是转折段。

至于中枢结构，源于它在多数时候只是次小级别破坏段而已，所以，对量能分类特征的观察和分析，要随之灵活降低观察级别。实际运用中，需要研判暂时破坏段结构完整完成与否，同时还要结合量能演变的规律特性，只有结合这两点，才能够真正做到这一点。

最后，如果将走势与成交量相结合的分类特征做简单归纳的话，有如是说法：基于走势存在分类特征，整个市场从技术层面看，就是一个分类系统。所以，当我们将走势与成交量要素结合观察分析时，也是具有这种分类特征存在的。只是问题的关键在于，如何利用这种分类特征，指引我们实际中的操作呢？这才是我们应该认真思考的。

三、量价结合分类特征在多重级别中的表现

前面我们探讨了量价结合分类特征在单一级别中的体现，只是偶尔带了一点点有关中枢结构在主次大小级别中的分类特征情况的体现。那么，在本部分里将会主要探讨量价结合分类特征在多重级别中的表现。

为了表达清楚我们的观点，我们仍旧用实例说话。继续以图 3-9 中的标的为例，只不过虽然还是同一标的（科大讯飞）、同一时期，却是截取了更大级别的走势图为例进行解说。如图 3-10 所示。

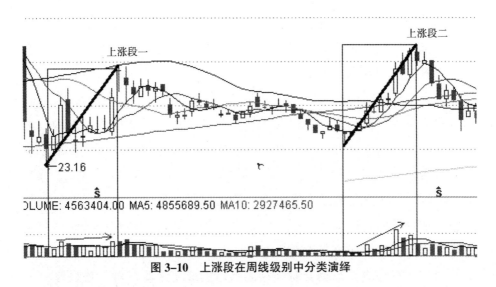

图3-10 上涨段在周线级别中分类演绎

图3-10中所标示的上涨段一（见图3-10左），与图3-9标示的趋势一属于同一时期，但是不同级别与不同形态的对照走势图，上涨段二（见图3-10右）与趋势二属于同一时期，但是不同级别与不同形态的图例。在前面我们已经围绕图3-9进行了走势和成交量结合的分类解析，可是上升到更大周线级别，同一时期走势情况观察时，发现量价二要素结合，还具有这样的分类特征：

一是无论哪一种类型的上涨段，整体上难免都会表现出上涨放量、回撤时略微缩量的特征。图3-10中的上涨段一和上涨段二，都具有这种特点。

二是上涨段最高价为转折点时，所对应的成交量有时是当前最高的成交量，有时却是次高成交量，有时候甚至是相对最低的成交量。在图3-10中的上涨段一的最高价，所对应成交量基本是当前走势段内相对最高成交量的情形（但整体上是量升价平，也为背离），而上涨段二最高价所对应的成交量，则是次高成交量的情形（为典型价升量缩的背离特征）。于是，成交量有时候能够加以辅助验证走势是否完整完成，而给予投资者警示的作用。

当然，我们当前要将大小级别走势和成交量的情况结合起来分类分析，例如图 3-10 中上涨段一，从走势和成交量相结合的情况看，难以在周线级别上得出后市会发生走势转折的结论。但是，当我们回到日线级别中观察时，即在图 3-9 中趋势一的中枢 2 的结构中，我们可以做持续跟踪，直至中枢结构的构造趋于完成。无独有偶，同时，我们又观察到，此时成交量在对应后面两个次高点时出现明显的缩量特征，由此构成典型背离状态——借此可提前预判周线级别上涨段完成，后市将面临走势转折的结论。

回顾以上，只是通过一个案例，探讨同一品种或不同时期走势在与成交量结合所存在的分类特征。不仅如此，我们还将这种情况放到周线和日线两个相邻的级别中，试图找到大小主次级别之间走势形态上的关系，同时，在与成交量结合时，还能够借助成交量情况对走势最终完成与否，进行验证和确认。

第二节

量价结合分类分析原理和案例解析

一、三类买卖点（分型）与成交量结合分类分析原理和案例解析

（一）以各类型买点为例

第一类买点，处于趋势转折和拐点位置，对应的成交量变化情况，至少存在以下几种分类：

一是经历深幅下跌后，低位开始出现放量的情况。

如图 3-11 所示，在经历大跌后，沪指从 6124 点跌至 1664 点后，对应的成交量开始逐渐放大。由此可研判，处于相对低位的 1664 点，成为转折和拐点概率增大。此后事实证明这一点。沪指随即从 1664 点快速反

弹至 3478 点。

二是"V 形 + 底部"巨量的反转情况。

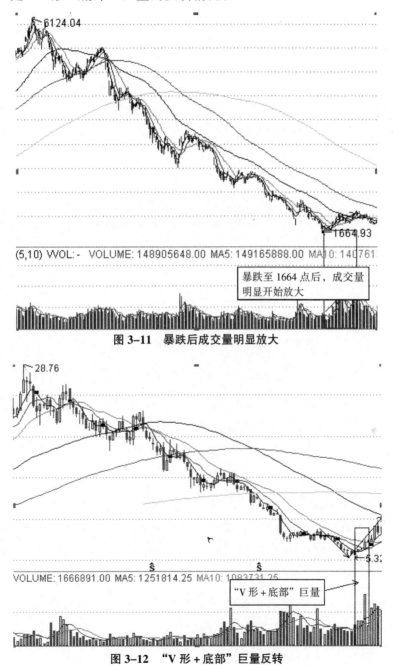

(5,10) WOL:- VOLUME: 148905648.00 MA5: 149165888.00 MA10:140761

暴跌至 1664 点后，成交量明显开始放大

图 3-11 暴跌后成交量明显放大

VOLUME:1666891.00 MA5:1251814.25 MA10:1083731.25

"V 形 + 底部"巨量

图 3-12 "V 形 + 底部"巨量反转

如图 3-12 所示，股价从 28.76 元跌至 5.32 元时，形态上构成 V 形形态，同时对应成交量开始持续放大，后市构成反转，持续看涨概率增大。后面事实证明也确实如此。

三是在相对低位区形成"中间矮两头高"量能形态的情况。

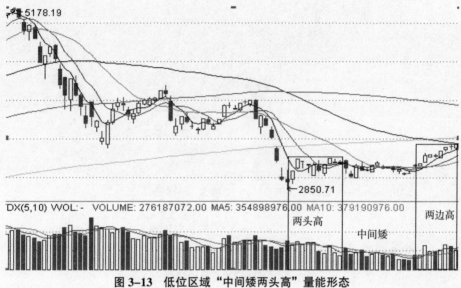

图 3-13　低位区域"中间矮两头高"量能形态

如图 3-13 所示，股指从 5178 点跌至 2850 点后，股指开始进入一段涨跌互现的阶段，但是对应量能情况却呈现"两头高、中间矮"的特征。据此研判，后市看涨，事实也果真如此。

四是走势在低位区域不断探底，但是量能持续放大（量价底背离）的情况。

如图 3-14 所示，股指由 12084 点跌至 5928 点时，股指进入相对低位区域，但是对应成交量随即出现放量，甚至暴大量的特征，典型量价底背离情形。据此研判，走势发生转折，后市看涨。

综合以上四种不同情况的分类，后市出现走势转折和出现拐点的可能性增大，事实证明也确实如此。也就是说，构成买点时机。而且这个转折多以主级别为主，即为第一类型买点。

图 3-14　走势低位区域不断探底，但是量能持续放大

基于第二类买点或者第三类买点，处在趋势转折后进入右边通道中，即当上涨趋势确立，上涨途中首次回撤段的极端价位——为第二类买点——在其调整结束后，后市继续上涨可能性增大；又或者中枢破坏结构已趋于完成，在新一轮拉涨段出现前，次级别回撤的最低点位置——类似第三类买点的情况。

无论以上所描述的第二类买点还是第三类买点，在对应成交量变化情况时，亦存在以下几种分类，至少其中的第二类买点又各自分类为：

一是上升途中出现量价齐升的情况，回撤段的低点为最佳买点。

由图 3-15 可知，在主级别走势反转后，首个上涨段保持健康良好的量价齐升特征运行时，首次出现的回撤段的最低点，即构成第二类型的最佳买点。回撤时出现缩量现象，二者配合较好，所以对该第二类买点预判成立。此后事实也证明了这一点。

二是平台突破时温和放量形态，平台回撤的最低点就是最佳买点。

如图 3-16 所示，平台得以被突破时温和放量，然后开始出现短促的回撤，回撤段下方对应的量能略有萎缩，最低价位处对应了最低的量能，据此研判，其最低价为买点，准确地说是第二（三）类买点。此后事实证明了这一点。

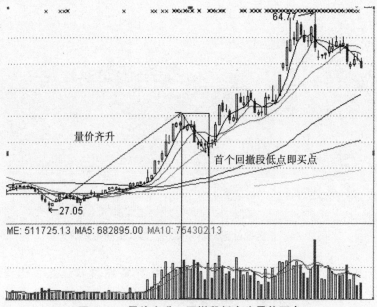

图 3-15　量价齐升、回撤段低点为最佳买点

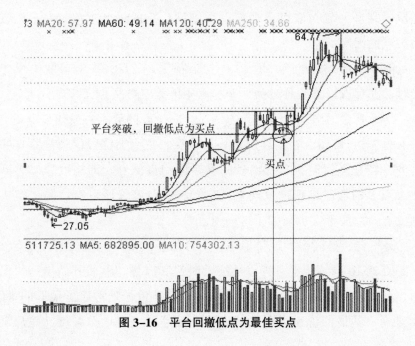

图 3-16　平台回撤低点为最佳买点

三是上升中途间隔性地出现三根巨量的支撑形态，回撤低点是最佳买点。

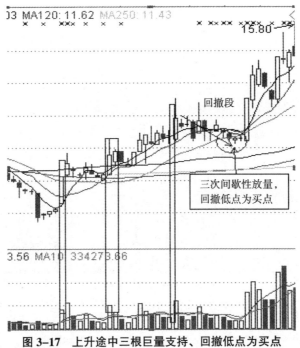

图3-17 上升途中三根巨量支持、回撤低点为买点

如图 3-17 所示，在涨势的第一阶段，中途曾出现了超过三次的放量，甚至是巨量的情况。紧接着下来，首个上涨段结束，出现回撤段，回撤段出现最低点为最佳买点（二买点），回撤段对应的量能明显萎缩，甚至地量水平。由此研判回撤低点为最佳买点，后市再度出现上涨走势。此后事实证明了这一点。

其中，第三类买点又各自分类为以下几种：

一是放量后的缩量起涨平台（类似中枢结构）。

如图 3-18 所示，股价在涨至 21.75 元过程中，经历了至少两个起涨平台，起涨平台之前曾经历过放量上涨，结束后进入缩量整理，由此研判，在平台整理结束末端，成交量萎缩至地量水平时，再现拉涨行情。对于第二个起涨平台，回撤低点均为第三类买点（次级别走势中会非常明显显现出来）。此后事实证明了这一点。

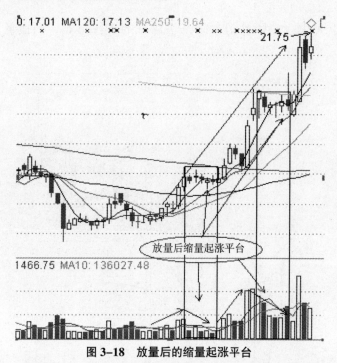

图 3-18　放量后的缩量起涨平台

二是二度回探低点后缩量起涨平台的情况（中枢趋于完成结构）。

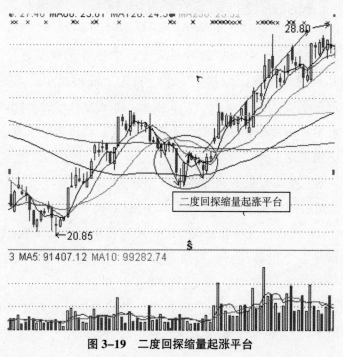

图 3-19　二度回探缩量起涨平台

如图 3-19 所示，经历前面一轮上涨后，出现回撤段，回撤走势内部曾出现一个类似中枢结构。在该中枢结构出现第二度回探时，对应出现缩量的特征。据此研判回撤走势出现二度回探，伴随出现缩量特征，回踩最低价为最佳买点，也可定义为第三类买点。

三是盘整突破连续放量却不跌的形态（类似中枢横盘平台）。

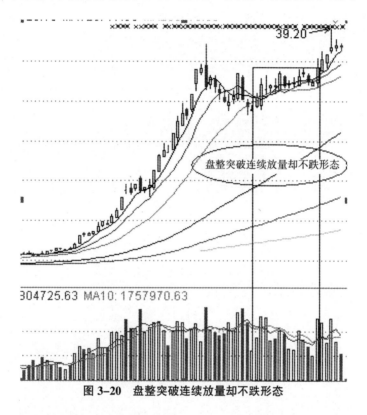

图 3-20　盘整突破连续放量却不跌形态

如图 3-20 所示，经历前面大涨后，出现中枢结构的盘整走势，在调整中伴随放量特征，但即使如此，价格并未出现明显下跌。据此研判后市还有新高。那么中枢结构中二度回撤最低价即买点，可定义为三买点。此后事实证实了这一点。

（二）以各类型卖点为例

当走势转折向下、拐点出现，以卖出为主时，具体分为两大类：第一大类是主级别走势发生转折及拐点（类似第一类卖点）的情形；第二大类是临时反弹段结束，再现转折进入下跌段的情形（反弹段最高点类似第二类卖点情形）。

其中，第一大类卖点又细分为两种情况。第一种细分类情况是：走势在高位，后市随即发生转折并出现拐点，对应成交量演变的情况，有以下几种分类情形：

（1）上涨走势呈间歇放量形态的情形。

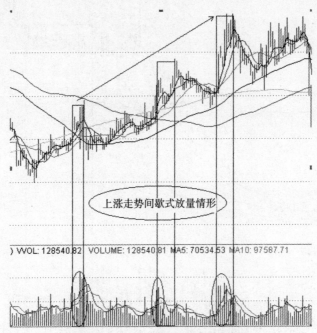

图 3-21　上涨走势间歇式放量情形

如图 3-21 所示，经过前面几次间歇放量后，走势进入高位，再次构造一个分型结构（见图 3-21 右上角）出现，在最后一个回拉走势段所对应的量能明显萎缩时，走势发生转折，形成拐点的概率大增。后面的事实证明了这一点。

（2）盘整走势过程呈间歇放量形态的情形。

如图 3-22 所示，在一个上涨趋势构造途中，次级别走势中出现了盘整式的中枢结构，中枢内部出现间歇式放量形态，而后完成中枢构造后，

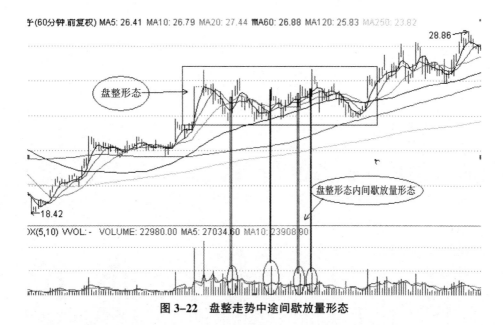

图 3-22　盘整走势中途间歇放量形态

再度出现突破上涨走势，直到 28.86 元时，对应量能明显不济，于是，走势最终发生转折、拐点出现——典型的走势完整完成，量价背离，因此走势发生转折。

（3）两次或超过两次以上走势摸顶，量能呈"两头高、中间低"形态的情况。

如图 3-23 所示，走势运作高位，出现两次甚至超过两次摸顶情况，同时对应的成交量出现两头高、中间低的情形，据此研判，后市走势面临转折、出现拐点的可能。此后事实证明了这一点。

至于第二种细分类情况，是量价背离出现（真正顶部缩量），即走势发生转折，同时出现拐点。对应的成交量如何演变等情况，则又有以下几种分类：

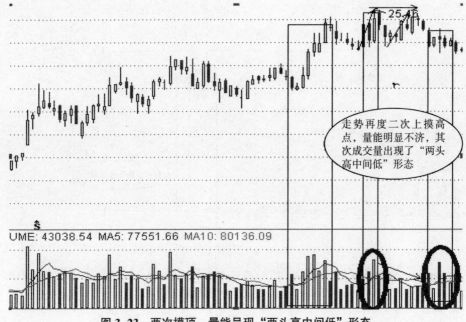

图 3-23 两次摸顶、量能呈现"两头高中间低"形态

（1）量价顶背离。

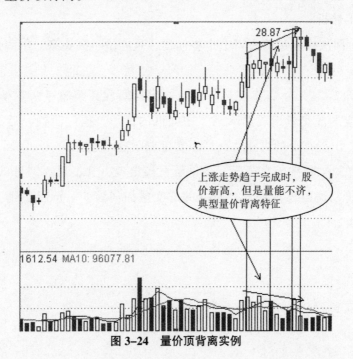

图 3-24 量价顶背离实例

如图 3-24 所示，股价涨至最高 28.87 元时，再创历史新高，从走势结构上分解，趋于完成，对应新高价位，成交量有所萎缩，更加明显的是均量线背离现象非常明显。据此研判，后市发生转折概率较大，应当卖出预防下跌风险。此后事实也证明了这一点。

（2）缩量滞涨形态。

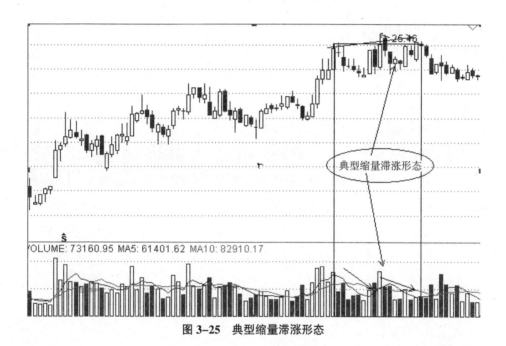

图 3-25　典型缩量滞涨形态

如图 3-25 所示，股价涨至 25.46 元高位区间时，间隔出现的几次最高价位，所对应的成交量明显呈现渐次缩量特点。归纳下来，呈现非常典型的缩量滞涨特征。据此研判，后市发生转折概率偏大，应当卖出预防后市下跌风险。此后事实证明了这一点。

（3）相对高位区域放量滞涨形态。

如图 3-26 所示，股价涨至相对高位区域，对应成交量变化情况，有别于图 3-25 情况，这里出现了高位区域放量滞涨的情形。高位持续震荡，反复摸顶，成交量也出现较好的配合，但股价终究未能有效突破，所以，最终面临转折的命运。此后事实也证明了这一点。

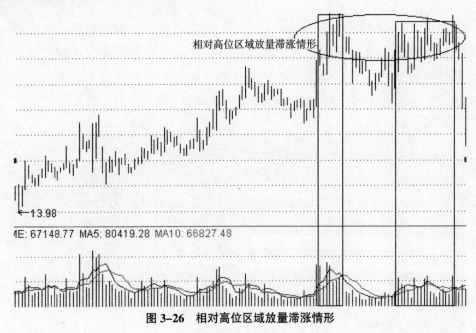

图 3-26　相对高位区域放量滞涨情形

　　基于第二大类，是在已经确立走势转折向下形成下跌趋势的情形。可是，在走势处于下跌途中，终究会出现临时转折的走势，该临时转折为反弹走势段，其对应成交量演变情形，按照阶段性划分，又可以划分为以下几种分类：

　　（1）临时反弹段的量能呈"阶梯式"形态的情况。

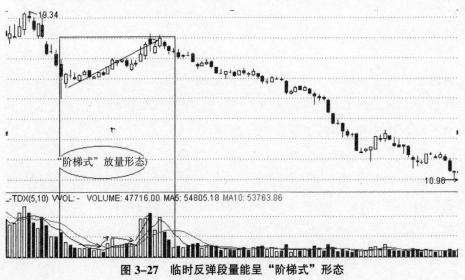

图 3-27　临时反弹段量能呈"阶梯式"形态

如图 3-27 所示，股价从最高 19.34 元跌下来，出现首个破坏段，临时转折反弹段。观察其下方量能变化情况，发现量能呈现典型阶梯式形态。当反弹段完成构造，成交量在保持较好价升量增积极配合下，不曾料到，走势还是再度发生了转折，出现拐点（类似第二卖点），后市继续大幅度下跌。为何会如此呢？还有，为什么在此案例中称为"局部阶梯式放量形态"的正常情况，却还是出现下跌结局呢？

我们给予的参考答案如下：

一是这是在提醒我们，一旦主级别走势的拐点被确定，下跌成为未来主要趋势，那么，中途出现的反弹段，那都是临时性的破坏段而已。哪怕它内部出现了阶梯式放量特点，但也难以改变下跌趋势已经确定形成的事实。何况临时反弹段整体成交量水平低于前面拐点区间成交量整体的水平。

二是操作这种较短线反弹段，或者寻觅第二卖点话，对其内部量价情况跟踪是极有必要的。因为这往往能够帮助我们捕捉到第二个较佳卖点，而且一旦错过了，就会面临更大的错失。

（2）临时反弹结束后再度下跌，在前阶出现间歇式放量的情形。

图 3-28　反弹结束后再度出现下跌前阶出现间歇式放量的情形

如图 3-28 所示，在反弹结束后，再度出现下跌，但下跌前阶出现间歇式放量的情形。这最能说明一个问题，即下跌趋势根本没有结束，至少距离真正下跌结束还遥远着。本案例后面的事实证明了这一点。

（3）下跌途中出现单日（或双日）巨量阴线的情况。

仍旧以图 3-28 为例，在首个临时反弹段完成后（见图 3-28 左上角），再度进入下跌时，下跌初期出现单日巨量阴线的情形。这也是极能说明一个问题，即下跌趋势远未结束。后面事实证明这个结论。

（4）盘整高点处出现双阳线放量情形。

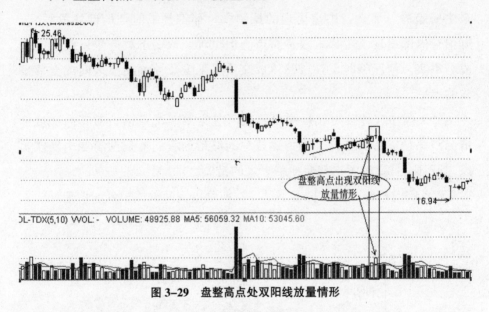

图 3-29　盘整高点处双阳线放量情形

如图 3-29 所示，在股价处于下跌过程中，出现了一个中枢结构形态，临时阻挡了当前下跌走势。但当中枢结构最后一段趋于完成，构造出双阳放量情况时，走势再度转折向下。该情形出现时，假如是在上涨趋势之中，就是突破看涨的形态，但出现在下跌趋势中，研判结论则刚好相反，后市还将继续看跌，至少说明下跌还没有真正结束。后面的事实也正好证明了这一结论。

（三）三类买卖点与成交量结合的分类分析原理回顾和小结

买卖点理论按性质划分为买点和卖点，在同一个趋势中，二者又各自分为一、二、三共三种类型的买卖点情形——详见《解缠论》系列介绍，在前面介绍中，我们基本涵盖了各类买卖点情况，然后又与成交量演变情况做了匹配，几乎进行了全覆盖式的组合排列：

例如，第一类买点，分别与低位放量，放巨量，低位持续探底、成交量持续放量，成交量呈现两边高、中间矮形态等多种情形组合排列，最终据此研判和确定第一买点。

第二买点、第三买点，多处于上涨趋势首次或二度回撤过程中，回撤走势完成、成交量明显萎缩时，二者结合，并据此研判得出各个最佳买点时机。

至于卖点情况，更是分为了两大类，两大类中又各分几种细分类的情形，大致说来，两大类主要是围绕第一卖点和第二卖点，如何结合走势与成交量情况进行识别、研判和确定？

在第一类卖点中，当股价在上涨至高位途中，出现有间歇式放量上涨，盘整中间歇式放量，高位数次摸顶、量能呈"两头高、中间矮"形态等各种情况，据此可研判走势转折，第一卖点是否出现。此外，还有量价顶部背离、高位缩量滞涨，以及相对高位放量滞涨等数种细分类情况，也可据此研判走势转折、第一卖点是否出现。

在第二卖点中，基于第二卖点（暂从略三卖点）出现在临时转折反弹段的末端，在前面讲述中，主要分为观察此前和事后两种情形下量能与走势结合演变情况，主要出现了：反弹段过程中量能呈现阶梯式放量，盘整过程中上涨段的高点出现双阳放量，还有反弹结束、再度下跌初期巨量阴线和前阶出现间歇式放量下跌等情况，据此可以研判第二卖点是否出现。

综合以上，在将买卖点结合成交量组合排列分析时，对于经典量价背离情形，我们定然能够快速识别和研判走势是会发生转折，拐点将现的结论。可是非经典情形，甚至有违常态的情形出现时，我们能否做出正确研判呢？答案毋庸置疑。至少在传统量价分析理论中，我们面对非典型情形时，是难以把握的。但是，倘若理解了分类分析原理，那么，对于任何情形下的买卖点，估计都能够精准研判和把握了。

（四）每笔均量与走势结合研判买卖点分类情况分析

何谓每笔均量？每笔均量，即平均每笔成交量。由个股成交量与成交量笔数相除得到。根据每笔均量情况，由此得到每笔交易的资金交投力度。通过该公式，求取每笔均量时，还需要强大的统计工具，但现实中难以实现，于是为了直观起见，有时直接运用均量线这个工具，以此实现这种研判方法。

每笔均量与走势结合研判买卖点的分类分析，分为买点和卖点两种情形，其中的买点信号，又分为以下几种：

第一种是低位震荡区域的每笔成交量快速攀升的情形，走势于后市发生转折向上的概率将增大。为了能够准确表达我们的观点，我们暂时用均量线指标代替所谓的每笔成交量进行我们接下来的讲述。

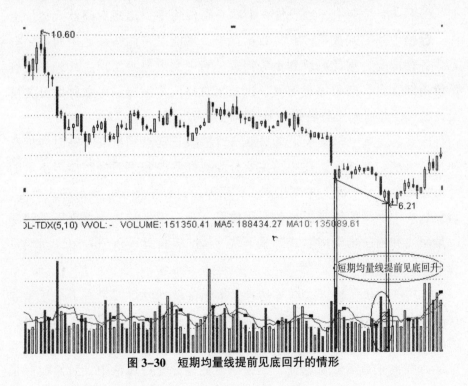

图3-30 短期均量线提前见底回升的情形

如图 3-30 所示，当股价最低跌至 6.21 元时，创出历史新低，但对应的短期均量线却已抬高，提前于股价见底回升。这正如上面统筹性观点所说，低位震荡区域每笔成交量快速攀升，后市走势发生转折向上概率增大。

第二种是在盘整震荡走势中的均量线快速攀升的情形，后市继续看涨其走势。

4.53 VOLUME: 317154.53 MA5: 325494.84 MA10: 425371.72

均量线快速攀升

图 3-31　盘整震荡中均量线快速攀升情形

如图 3-31 所示，描述的是处于盘整震荡走势中，每笔均量突然放大的情况，当然我们仍旧是通过均量线指标观察得知的——图中均量线显示，股价在盘整结束之际，快速攀升。据此研判，后市走势将会持续上涨。后面的事实也证实了这一点。

第三种是股价在高位区域作了深幅调整后，其每笔均量快速攀升情形，后市走势继续看涨。

如图 3-32 所示，股价运行高位后，出现一轮快速深度的调整，调整结束后，我们观察到均量线快速攀升，对应区间内的成交量也跟随快速萎缩，据此研判，后市继续看涨。随后事实也证明了这一点。

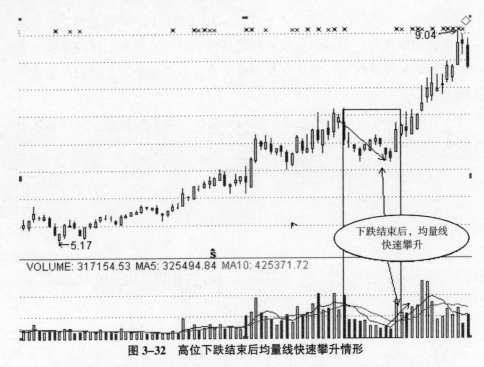

图 3-32　高位下跌结束后均量线快速攀升情形

以上是买点信号分类情形的介绍，至于卖点信号，又分以下几种。

第一种是股价在高位区间，对应的每笔均量快速攀升，幅度超出以往几倍，甚至连续放出巨量（或间歇式放巨量），而后每笔均量又快速回落——则可以据此研判，后市将要下跌，至少会有短期下跌情况的出现，此时卖出为好。

如图 3-33 所示，股价在高位区间，出现每笔均量快速攀升的情形，成交量放出均量，随后观察到均量线快速回落，据此研判后市将会出现下跌风险，应该卖出。此后，事实也证明了这一点。

第二种是股价在高位区间滞涨，并且每笔均量大幅萎缩情形——则后市看跌，至少会有短期下跌出现。

如图 3-34 所示，股价在高位滞涨，形成盘整形态，在观察每笔均量线，与股价出现明显背离情形，更有甚者，对应右边最高价位 64.77 元出现时，成交量放出巨量。据此研判，后市将会发生转折，并将会有下跌风险，应以卖出为主。此后，事实证明了这一点。

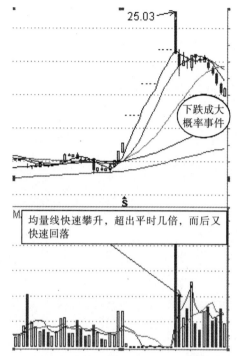

图 3-33 股价在高位区间均量线快速翻倍攀升的情形

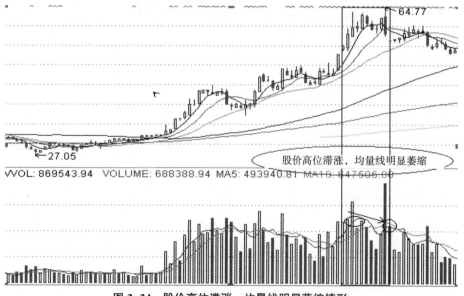

图 3-34 股价高位滞涨，均量线明显萎缩情形

第三种是从高位区域调整下来，构造出了一个中枢破坏结构，中枢中出现两个反弹段，当后一个反弹段结束，再度进入下跌时，每笔均量继续呈现放量特征——则预示后市继续看跌，并且有一点可以明确，即下跌趋势确定形成，此时做卖出为好。

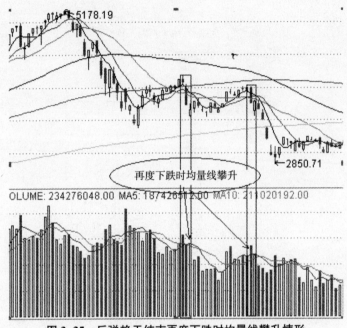

图 3-35　反弹趋于结束再度下跌时均量线攀升情形

如图 3-35 所示，沪指从 5178 点跌下来，中间出现一个中枢破坏结构，临时阻挡下跌继续。在中枢构造中，出现两个反弹段，通过观察发现，两个反弹段结束时，对应均量有短暂回升，但最终还是跌下去了。据此研判，后市继续看跌，而且下跌趋势确立形成。操作上继续以卖出为主。

（五）奥德量的启示

1. 什么是奥德量

奥德量，最早出现在蒂莫西·奥德所著的《量价秘密》一书中，该书为我们提供了一种用精确的数字来分析研判走势中有关量价方面的分析工具。奥德有"全美黄金交易员之首""十大交易员之一"等称号，他最大的创举是，将其所擅长的数学专业知识运用于股市分析，形成颇具特色的奥德量和 T 指标。

2. 奥德量的启示

在学习完奥德量后，我们至少得到以下几点启示：

启示之一，拐点处，无论买或者卖的拐点，与首次高点（或首次低点）对应的成交量进行比较时，当下一个高点（或低点），无论新高（或新低）与否，其成交量相较于前高量能萎缩 3% 以内时，那么，走势将继续保持原有运作方向。即上涨趋势将继续大概率上涨，下跌趋势将大概率继续下跌。但是，假如缩量达到甚至超过 8% 水平时，后市大概率会发生转折，即上涨转折下跌趋势，下跌趋势转折为上涨。

启示之二，如若趋势中途出现次级别破坏段，并且次级别破坏段走势已经趋于完整完成时，那么，此时观察量能演变的特征，将会有以下特点：以上涨趋势为例——假如回撤段的临界点对应的成交量萎缩至前面均量 50% 水平，甚至比这还要低时，那么，该低点将会成为新的买点，或者是第二买点，或者是第三买点。但是，倘若情形刚好相反时，即再度放量，那么，次级别的下跌走势还将延续，甚至扩展为主级别下跌的程度，趋势实质上已经发生转折。

以上描述的是处于上涨趋势中的情况，至于在下跌趋势中，情形则刚好相反，只需反过来观察。即当次级别回拉段趋于完成，临界高点对应的成交量较于前面均量萎缩至 50% 或以下水平时，将成为新的卖点，或者为第二卖点，又或者是第三卖点。如果情形刚好相反，即再度出现放量的话，那么，次级别反弹趋势还将延续，甚至扩展为主级别上涨的程度，趋势实质上已经发生转折。

奥德量的特色和亮点在于，创始人奥德已经将量价背离情形、给量化和精确化到了具体的数字层面。但是，也存在一定缺陷，那就是首高或首低出现，后面对应量能即使没有出现萎缩 8%，反而是放量了，并且在不久后，走势还是发生了转折。对此情况，又该如何作解？

结合走势分类特征，这一点就极容易做出回答，而且在实践中，更有着无数案例能够证明此点。

如要避免陷入此种先入为主的提示，在面对某些异类情况，我们想要做出正确应对和处理方式的话，那么，还应将走势与量能结合的分类情况了然于胸。当然，奥德也说了，是要将首高（或首低）的量能拿来做比较——这是否意味着对于真正的拐点，他也认为是存在某些不确定性呢？还好在首高或者首低却是可以确定的——至少根据走出来的历史后就很容易被确定出来，难的是第二高点（或低点）、第三高点（或低点）。例如，结合图 3-1 中分型，在其次级别构造的结构中，我们可了解到，分型结构的完整完成与量能结合分析是同等重要的。并且，按照奥德量提示，首高出现时，如图 3-1 中的 1，对应的量能与后面的 2 处，或者 3 处做比较，如果缩量超过 8% 就是卖点；反之，缩量仅 3% 或者还不到，那么上涨趋势还将保持，次级别回撤低点是次级别买点。

可问题在于，在实际情况中，只有走到 3 处确定出现了，并且其对应的量能出现了某种分类形态时一种——其分类存在放量、平量或者缩量三种情况，可无论量能在此时出现三种类型中的哪一种，最后走势都将出现了转折的命运。换句话说，无论 3 处对应的量能是否出现放量，其走势最终都将发生转折。

为何会如此？这是走势完整性的规律使然与要求所致——走势结束了，就必然发生转折，无论此时量能变化情况会怎样？——此时对应于 3 处成交量水平的那 3%，或者 8% 的衡量标准，也无济于事。即使有时候出现放量，但不排除会成为主力大量出货的信号和体现。

3. 奥德量关键运用的启示

根据我们提炼汇总，奥德量主要分为拐点处成交量分析和交易缺口处成交量分析。具体又各自分为以下几种：一是拐点处成交量测试；二是缺口处成交量测试。

其中，拐点处成交量测试：

（1）成交量放量测试法。

（2）首高反复测量法或首低反复测量法。

（3）测试前高点或前低点的信号强度。

（4）均衡成交量测试。

（5）顶部的假突破或者底部假跌破测试。

交易缺口成交量测试：

（1）测试跳空高开缺口。

（2）测试跳空低开缺口。

（3）最大成交量日。

4.奥德量在拐点处运用法则

当股价上涨并考验前期高点时，成交量应接近或大于前高的成交量水平，此时股价得以突破前高，但是，如果量能萎缩8%或更多，那么成交量将不足以穿越前高，更别说向上拓展更大空间。反而，此时市场走势会发生转折，如选择向下运作。

当市场转向下跌时，下一个目标将是前期价格低点。并且，此处所陈列的法则同样适用于股价跌破前低的下降趋势中。

威科夫也对下降趋势的疲软情况进行了命名，即"市场弱势信号"。具体市场表现为，股价大幅下跌过程中出现大成交量。当股价带着疲软信号跌破前低时，乃为"破位下跌"。于是这位技术分析大师强调，所有投资决策均在前高或者前低的拐点处做出，而不应该在交易振幅的中间地带进行交易——这一点值得我们用心领会和认真对待。

二、趋势与量能结合的分类分析原理

在交易策略层面，只有几种风格和类型：一种是趋势交易，另一种是波段交易；一种是短线交易，另一种是日内的即时交易，如图3-36所示。

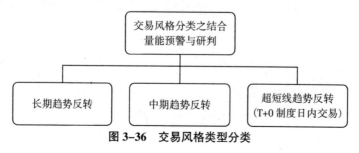

图3-36 交易风格类型分类

这四种交易风格分类表面上看，是按照时间周期长短的划分，其实是按照走势空间演变规律分类的划分。同时，还要强调的一点是，在不同的层级中，说到根本上，其实只有趋势交易这一种，区别仅在于我们定位的是哪一个级别——这才是市场最终的本质、悟透了将受益匪浅。基于以上四种交易风格的分类是以日线级别为主的，所以，我们说到趋势，多指日线级别中完整完成构造，所需的时间和空间状态的呈现。其实这种时间空间呈现在任何级别中，只不过层级归属不同而已。

当然，如果我们能将时间级别和空间级别统一起来，融会贯通，灵活运用的话，那么，说不定就能找到更加适合我们每一个人的交易风格。这或许就是交易中所说的最为美好的事情了。具体说来，趋势与成交量结合分类分析，大致有以下几大分类：

第一大类，是以成交量变化特征为基础，其中又各分为以下四种情况：一是放量形态之突破看涨的情况——其中又各自分出多种细分的情形，但篇幅所限，下面只列举一例说明。

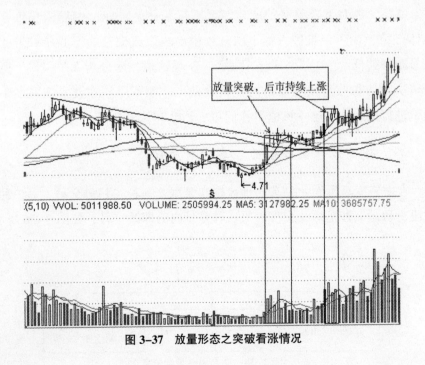

图 3-37　放量形态之突破看涨情况

如图 3-37 所示，股价跌至 4.71 元后，出现一轮上涨，伴随成交量明显放大，首轮上涨结束时随即进入盘整阶段，待到盘整结束后，多头再度蓄势，接着再度突破放量上涨。如此这般，后面再度重演一轮放量突破上涨走势。

二是缩量形态之突破看涨情况——其中又各分多种细分情形，篇幅有限，仅列举一例说明。

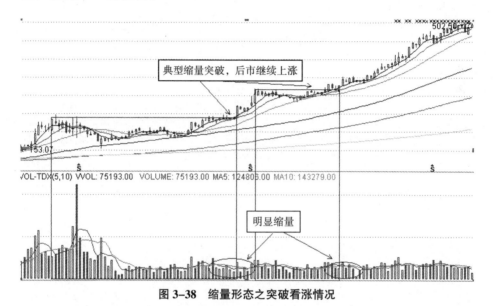

图 3-38 缩量形态之突破看涨情况

如图 3-38 所示，某指数在突破前面高点压力位时，并未出现放量的特征。即使有所放量，但并不十分明显，甚至局部出现略微缩量特征。可最后综合看，走势实现了缩量突破上涨的情况。

三是放量形态之破位看跌情况——其中又各分多种细分情形，篇幅有限，仅列举一例说明。

如图 3-39 所示，股价自 25.46 元下跌，已经确定形成下跌趋势。于是，在完成首个中枢破坏结构后，再度出现放巨量的破位下跌情况。

四是缩量形态之破位看跌情况——其中又分多种细分情形，篇幅有限，仅列举一例说明。

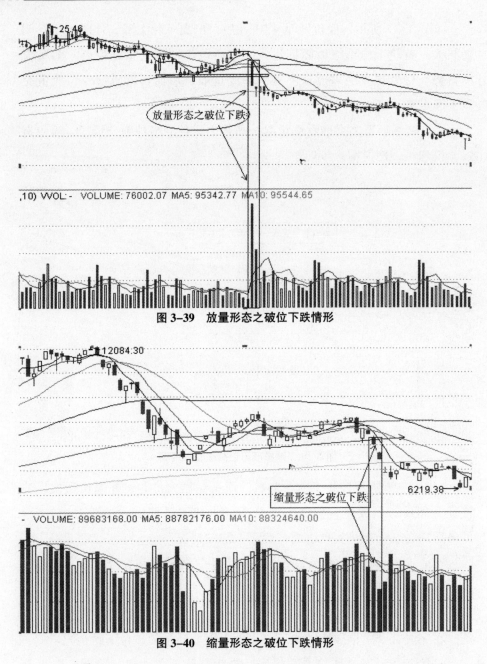

图 3-39　放量形态之破位下跌情形

图 3-40　缩量形态之破位下跌情形

　　如图 3-40 所示，某指数从 12084 点下跌后，确定形成下跌趋势。此后虽然出现了中枢结构，临时阻挡下跌持续，但中枢结构完成后，再度出现缩量下跌的情形。

第二大类是，以趋势所处的不同阶段来定位，又各分为以下几种情况：

一是趋势构造过程中，成交量变化支持趋势上升或者下跌，如整固形态、三角形、旗形整理形态等。

二是横盘行情中成交量形态，分为多头收集形态和空头派发形态等。

三是趋势面临反转形态，行情最高点或最低点处成交量异常放大，也就是说，量价背离特征下的情况。

系列分类分析如图 3-41 所示。

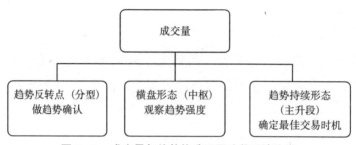

图 3-41 成交量与趋势构造不同阶段系统分类

由图 3-41 可知，基于趋势处于不同的阶段，在与成交量结合研判时，存在不同功用。例如，当趋势处于反转点（分型）时，结合成交量是为了研判和确认旧的趋势是否完成，新旧趋势的转折点什么时候到来？趋势构造进入下一个阶段，即中枢震荡（横盘）时，在与成交量结合时，又具有不同功用——此时通过观察成交量以观察趋势强度和持续性情况。最后，是极为关键阶段，即对趋势持续形态的把握，直白点说，就是对强化趋势中主升段（或者主跌段）启动点的捕捉（或出逃）时机的研判与确定。

回顾前面做出的四种大的交易风格的分类情形，如果理解消化并掌握了它，我们至少会得到以下几点启示：

一是先明确定位出趋势的性质；

二是确定趋势运作方向后，源于趋势完整完成其构造，至少分为三个阶段，因此还要进一步明确当前处在哪一个阶段；

三是成交量可以有效验证趋势的情况，但非决定性因素；

四是趋势一旦确定形成，将会持续下去，直到走势完成，出现反转，反转时定然也会有某种量价结合分析的信号和提示出现。

当然，最重要的是，交易中要坚持顺势而为的原则。

三、量价结合分类分析的秘密简述

股市从技术层面分解看，就是一个分类系统，走势是分类系统，与量价结合起来分析，也是一套分类系统。于是对股市分类系统的理解、掌握及运用，就成为实际运用中的关键所在。但立即面临一个尴尬的问题——长期以来，我们多数时候只是认识了经典（或典型）形态和走势情况，忽略了非经典（非典型）的情况，以至于实际中经常陷入迷惑。毕竟典型不代表全部，非典型并不代表其失去了研判的价值意义。可是又该如何解决这个尴尬问题呢？

待到准确理解了量价结合分类特征后，我们更能客观认识到市场的真相和本质，于是能够在实际中，更加充分坦然地应付许多未曾见过的情况，而不至于搞坏心态、乱了方寸，看错做错。

话说回来，一个完整、系统的量价分类分析系统，定然是能够融入任何时间级别的，从年线到月线、周线、日线、分钟、分时图，都可以适应，而且全都遵循法则，更不会因为时间跨度的不同而不同。

不仅如此，在主次大小级别之间，还具有某种规律特性——无论是单纯走势形态上，还是量能上，二者均具有某种规律特性。而我们做此讨论的目的是试图找到这种规律特性，并且运用好它们。具体存在怎样的规律？详见其他章节介绍。

通过对量价结合分类分析原理的了解、掌握，我们当然可以做一点更有意义的事情，例如从各种分类案例中，识别出最为确定的、最大机会及最完美的投资机会与精确的买卖时机。这应该也算是一种分类分析法的手段吧？！

例如，我们至少要对市场方向，主要是大盘方向有整体的把握，然后根据大盘整体情况，识别出所属的大势节奏和状况，寻找最为确定和安全的大盘环境，排除不安全、不确定的情况。

一旦对大盘的情况确定清楚后，接下来就是选出最强板块，制定出所谓的板块策略。最强板块确定后，再精选最强个股，即确定个股策略。最后才是交易策略，交易策略最核心和基础的参考要素是量与价。准确地说，是量价结合分类分析研判。我们依据上述流程，指导我们当下实际操作和交易行为。

四、形态各元素与动力系统相结合的分类特征成因分析

（一）分型处之动力系统分类特征的成因分析

1. 成因分析与市场含义

根据图 3-1 分型元素中四种分类情况可知，分型存在分类特性，但我们一直忽略去寻找，分型元素存在分类特性形成的原因是什么？也就是说，分型分类特性成因是什么？

分型，是走势转折的临界点和拐点，对照任意一个分型，无论是顶分型，还是底分型，直观来看，就是分界点。无论是分界点，还是拐点称谓也好，一旦回到市场中，本质上是多空二力博弈所产生出来的一个结果。多头胜，形成底分型买点；反之，空头胜，形成顶分型的卖点。又基于同一品种、在不同时期所处的股市环境是不尽相同的，则意味着影响股价走势的因素和力度会不尽相同，继续深入下去，会造成多空二力博弈的过程不一样，由此触碰到了本质——多空二力博弈的力度大小情况不一样，动力系统所处情况和过程不一样，那么最终形成的分型形态这个"结果"也就不一样。

这里说的同一品种、不同时候的情况，如果是不同品种、同一时间又会出现怎样的情况呢？例如，为何同一时间、不同品种所形成的分型结构各自不同呢？原理是相似的，只是我们还可以做更进一步的细分，即：同一时候，市场中诸多品种因为自身质地和市场关注热度情况不同，由此决定了股价弹性和活跃度情况不同，所以最终形成的分型结构也会

不同。

事关走势未来方向的抉择，越是处于分型附近时，多空二力博弈显然会越发激烈，或者更加反复无常，难以抉择其最终的走向。所以，基于这种矛盾和反复的市场心理，还有多空二力博弈的复杂要素，从而形成了分型的分类特征。

虽然分型存在多种分类情况，但有一点却是不容忽略的事实，无论哪一种分类情形的分型，一旦完成构造，无论分型内部谁是最终最高峰值或最低洼值，只要完成分型结构，那么，成交量出现明显背离特征时，走势都将发生转折，出现拐点，在操作上要采取果断行动。

2. 实例分解与操作要点

我们下面列举一例，是同一品种、不同时候的顶分型情况作讲解对象，如图 3-42 所示。图 3-42 中间上方位置，是我们手绘草图 1，中间下方位置是手绘草图 2，两幅草图分属于顶分型两个分类的实例。结合动力系统，主要视成交量情况，左上方顶分型和右下方顶分型所对应的量能都出现明显萎缩特征。所以，此时空头胜过多头，占据优势地位——依此判断，顶分型确定形成，操作上都是要做卖出动作。

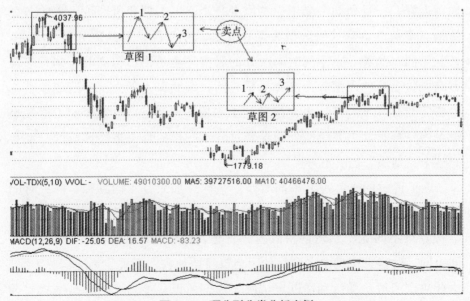

图 3-42　顶分型分类分析实例

对比草图 1 和草图 2，二者分别隶属于我们此前介绍的顶分型分类中某两种典型的情况，差别在于，草图 1 顶分型最高价在 1 处（3 处最小），而草图 2 中顶分型最高价在 3 处（1 处最小）。当顶分型完整完成构造后，后面走势都是以下跌为主。从操作层面看，基于现实当下难以提前预知谁才是最高最佳卖点，所以，我们建议进入分型构造结构时，可以采取分仓卖出法。具体做法是，逢高卖出三成仓位——即使卖错了还有回旋余地，可以再度买回来，如果卖对了，那么下一个高点出现时，继续分仓卖出，直到走势真正衰竭，拐点出现为止——最后我们统计分仓卖出的均价和数量，得到相对较高较佳卖点，利润是仅次于最高价全部卖出的情况。这里暂时不统计时间成本。

（二）中枢区间动力系统分类特征出现的成因分析

1. 成因分析与市场含义

根据图 3-7 中枢元素存在的分类情况可知，中枢存在分类特征，只是和分型一样，一直忽视了找出中枢存在分类特性的成因是什么？

先交代中枢出现的原因。其实无论是哪一种分类中枢，本质上都符合中枢元素的定义，都属于中枢。而中枢元素出现的原因是必然的、逃不过的环节。因为只要趋势性质确定，以分型为"分水岭"，后面在展开新的趋势构造过程中，绝对不可能一帆风顺、平淡无奇，现实往往会一波三折、反复折腾不可的——这种反复的过程总会有破坏原走势段的情况出现，至少是暂时性地破坏一下，然而，却由此形成中枢结构。

此外，中枢结构可能还源于分力的出现所致。分力，是对原来走势合力形成阻挡和破坏之力。基于分力存在，必然会使走势出现时涨时跌、反复震荡的情况。当这一切具体体现在走势形态上时，便以中枢结构表现出来。至于中枢为何出现分类情形？则是我们接下来需要解答的。

至少大部原因和上面分型分类特征出现的原因是相似的——譬如，同一品种、不同时候，或者不同品种、同一时候，源于分力出现的大小情况的不同，中枢作为破坏形式的走势结构出现时，必然出现许多种不同类型的特征。说到根本上，合力分力大小，就是所谓动力系统要素，而其具体和直接体现就是成交量。成交量演变情况决定了中枢分类特征必然出现。

2. 实例分解与操作要点

实例分解基于篇幅所限就暂略。至于操作要点，可以做以下简单探讨。

了解到中枢具有分类特性，并与动力系统结合时，更能确立某种中枢的结构状态。于是，在由此指导实际操作时，某种程度上便具有了一定的现实意义。说到实际操作，关联中枢结构，有几个操作要点需要强调一下。

例如，基于中枢出现在上涨趋势或者下跌趋势的中途，由此指引操作的意义就会有所不同。在上涨趋势中，由于趋势性质整体上定义为上涨，因此，整体看多做多就是主流定位。于是在出现中枢结构时，更为现实和有价值的操作指导，是可以开展和实现波段操作，从而提高投资的收益率。

反之，在下跌趋势中出现的中枢结构，先要厘清级别情况——对于太小级别的临时性反弹的机会，一般不建议太积极参与，毕竟整体看趋势是以下跌为主的，回看，现在逢高卖出任何时候都是正确的；至于较大级别中枢反弹段，则根据个人交易水平情况自主决定。只是，基于下跌趋势中做多终究是投机，所以，原则上不建议、不主张临时反弹的机会。除非在能够做空的市场和交易品种中，可以实现像做多买多那样，通过做空卖空而盈利——这样的情况可以考虑。

除了以上所做讲解，关于中枢结构操作要点，其核心在于，如何实现完美的波段交易？这是由中枢结构状态和其属性决定的。并且，只要操作级别足够大，能够便于我们判断出中枢各段中临时转折拐点，还有在足以覆盖交易成本后，仍然剩余足够多的利润时，我们就可以尽可能地发挥交易技能水平完成波段操作。

（三）主升段或主跌段对应量能分类特征出现的成因分析

1. 成因分析与市场含义

根据图 3-8 上涨趋势中所存在的分类情况可知，趋势也是存在分类特征的。同样，趋势中主升段或者主跌段对应的量能分类特征也具有某种分类特征。只是我们一直忽视了寻找趋势和其间主升段（或主跌段）存在分类特性的成因是什么？无独有偶，这种分类特性和分型、中枢等分类特性是相似的。基于前面已经做过很多类似案例的介绍，这里就不过多展开探讨和说明了。

何谓主升段（或主跌阶）呢？我们认为，只要趋势性质得以确定，那么首个出现的走势段，就是主升段（或主跌段）。同时，主升段（或主跌段）所对应量能变化情况也会因为市场，还有具体标的所具有的质地情况的不同，而有所不同。譬如，以主升段为例，可能会出现价升量升同步情况，也有可能出现量升量缩的情况，但最终还是以上涨为主流，毕竟从前面底分型以拐点名义出现后，后面会主要以构造上涨走势段为主要任务——直到上涨走势完整完成其构造。

2. 实例分解和操作要点

实例分解基于篇幅限制暂时从略。有关操作要点，简单提及几句。

只要趋势定义为上涨性质时，前面拐点即为底分型，紧接着出现的主升段，对应的量能情况，无论放量与否，都应持股待涨为主流，直到主升段完成构造为止。反之，在确定了趋势以下跌为主，主跌段所对应的成交量放量与否，都应该以卖出为主——最好越早卖出、越高价位卖出，则越好。

第四章 〉〉〉

动力系统与走势结合典型情形
分类解析

概要

在前面章节里，我们介绍过股市成交量与动力系统的关系，并由动力系统延伸出几个相关概念：如能量、量能及力道等。而其间属股市力道这个概念最为直观实用，也最能够方便我们用来描述或者表达某些试图想要阐明的观点。于是在本章所要进行的探讨中，我们暂时用力道这个概念来替代，解释说明本章所探讨的主题。

那么，什么是股市力道？在前一章里已经有过简单的定义，但不够详尽。因此，有关股市力道概念的"前世今生"，又是怎样的呢？接下来，我们将要一探究竟。

第一节
股市力道分析起源与要点概述

众所周知，股市技术分析有四个基本要素：量、价、时、空。

由这四个基本要素可以衍生和发展出多种较为系统的技术分析法，

并用来辅助研判市场走势转折与拐点。但所有的技术分析方法说到根本上，仍然离不开这四个基本要素。毕竟任何一笔交易，总是由成交价、成交量、成交时间等构成。只是在实际交投市场中，单笔成交提供出的分析信息非常有限，没有太大的分析意义。基于股市是持续交易场所，自从开创之日起，其交易活动便从未停止过，一直在持续进行中，这就像九大行星，从大爆炸之日起，便开始按照某种轨迹运转、持续至今一样。所以，由持续并达成的交易价格，形成了价格或指数的走势图——也就是说，形态学；并且由量能变化、量价变化等特征规律，形成背离理论——亦即动态学的一部；最为重要的是，基于价格、成交量的一切变化特征都发生和体现在时间—空间坐标维度上，由此衍生出级别理论——构成动态学的一部分，如图4-1所示。

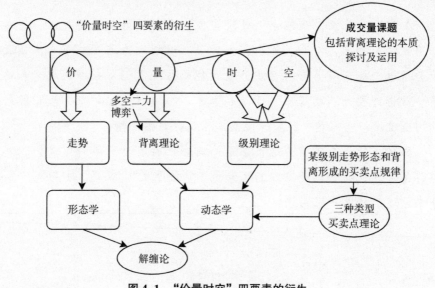

图4-1 "价量时空"四要素的衍生

由上所述，若进一步发展或延伸，则必然构成以下分析或亟待讨论清楚的问题。例如，由持续的交易价格构成走势分析系统（形态学），并且由持续的成交量要素构成量能或力道等动力分析系统。具体陈列出来，有以下几条：

（1）价格走势的演变规律特征是怎样的？具体来说，走势在单一（时空）级别中有着怎样的变化特征？基于该问题不是笔者探讨的主题，所以此处仅作简单回答。我们认为，走势在任何级别中均具有必然完整完成其趋势构造的规律特性。于是，在实际运用中，对所观察主级别走势的完整性的分解、推导和研判，还有如何运用背离理论等辅助研判，则成为"形态学运用"核心和关键所在。

（2）价格走势在不同（时空）级别中存在怎样的规律特性（即由单一走向复杂多重级别）？对此问题探讨仍然可做简单概括：任何次小级别走势必然被包含于其同期大级别走势之中；主级别走势性质确立后，次小级别走势暂时无法改变和扭转走势性质；可以利用次小级别走势，提前研判大级别走势发生转折的拐点（详见解缠论系列中级别理论）。基于该类问题的复杂性，也不是我们此处要讨论的重点，暂时不展开表述，因为我们所要探讨之主要问题在于第三点。

（3）走势与力道结合具有怎样的规律特性呢？人们所熟知的背离理论，其实质在很大程度上是源于股市力道分析，至少背离理论的本质是通过对股市力道分析提炼出来的。毕竟，任何单一级别走势中发生走势转折的根本原因在于，股市力道性质由"暗变"变为"明变"所致。

基于此，我们根据成交量的量能变化的探讨，总结出"股市力道分析"的课题。当然，需要事先说明的是，股市力道实质上是四大基本要素中成交量的发展与延伸。具体说来，它至少包括以下几个大的方面的相关内容：

1）股市力道分析相关概念介绍（包括起源）；

2）股市力道与走势相结合的规律特性：①在走势各阶段所呈现出来的力道演变规律特征（分别用大盘、个股的上升与下跌趋势作解）；②在单一或多级别走势中的力道演变规律特征的解析；

3）股市力道与走势相结合分析的必要性分析（及两者间关系讨论），等等。

第二节
股市力道的相关概念介绍

一、股市力道分析与量能、量价结合分析之间的关系

（一）股市力道分析就是量能分析、量价结合分析，及其事关成交量、主力资金等运作规律的分析

由成交量要素转化出了动力系统，而动力系统包括量能、能量及力道等概念。因此，股市力道分析，亦即量能分析。且力道与走势结合时，即等同于传统的量价分析的说法。

当然，我们在此的探讨不仅包括这些，还包括对主力或庄家行为规律的研究和探讨，因为这对个人投资者来说，更为实用，也更具吸引力。

（二）传统的量能、量价分析存在一定局限性，并且在功能性上的不实用，是其主要局限所在

1. 以八阶律中的价升量增情形为例

我们都知道了价涨量升的规律，可在实际运用中，即使看到了此现象，又该如何凭此对实际交易做指引呢？是立即买入，还是等到新的量变特征发出，再做买入呢？我们暂时无法找到更加确定性的提示。

在实际中，即使看到了价涨量升的情况，之所以还难以构成直接指引我们参与买卖，因为对走势及未来走势的研判还存在不确定性。再者，当前所看到的现象已经成为历史事实，可视为一个客体，但作为观察者和准参与者等主体而言，即将要参与的买卖行动，会对当前成交量产生怎样的影响和干扰呢？对此，我们也无从得知。股市客体与投资主体这一对之间存在怎样的关系？二者如何相互影响、影响程度会怎样？又是

无从得知。

因为现实中的真实情况是，当多数人处于"无知"（指信息总是不对称）的情况下，就会被市场中"别有用心之人"给利用。当然，这里绝非从道德层面指责谁。毕竟在竞争的市场中，只要是在不违法违规前提下，是难以用道德评断是非善恶的。这里探讨的关键问题在于，当这些有心人早就意识到，市场当前客观反映出来是价涨量升的特点时，就必然会刺激和影响更多投资主体参与进去。由此递进，当越多主体看见客体价涨量升时，则会进一步刺激更多的投资主体的信心和买进行为。如此一来，主体与客体形成正相关、彼此正面的影响与刺激。在这种情况下，股价就会继续上涨、成交量继续上升，犹如滚雪球般，继续下去。

注意：此时"别有用心之人"会怎么操作？——这才是关键所在。他们会逢高价获利出局，让那些盲目无知的客体进场接货——这不就是在残酷的市场博弈中，所存在的广泛而又普遍的事实吗？这种残酷的现实何时才能够得以改变呢？只不过，我们在此想要问的是，对于传统量价分析法，还会管用吗？答案毋庸置疑。

也正因为如此，股市力道分析由此而诞生，并且是在量能分析法与量价结合分析基础之上发展和升级而来的，它必然又将颠覆传统，成为经世致用之法。

2. 传统量价分析只道出了典型的情形

我们强调，要将量能与走势相结合分析，毕竟量价二要素缺一不可，否则就会像王者失去了左膀或右臂般，终将难以成事。有时候将成交量与价格走势结合起来确实是一种更好的尝试，能够减少我们的误区，哪怕很多时候这仍然无济于事。但是，由量能分析到量价结合分析确实是一次跨越。我们在使用过程中就会发现，原本认为有效的量价结合分析结论，可以准确指引我们当下的操作。可实际情况却总是不尽如人意，为何如此？

那是因为我们忽略了一个情况，这些传统的量价分析法多数时候只是道出了典型的情况，可实践中总存在许多种非典型的情况，面对这些非典型的情况，我们又该如何应对呢？这是我们接下来所要探讨的。正因为如此，才有了股市力道与走势结合的分类分析原理和用法的出现。换句话说，有了股市力道与走势结合分类分析之法，我们才能应对实践中各种情况，无是论典型的还是非典型的，都能做出相对准确的研判。正是有了这一指引，我们无疑能够更加坦然面对市场中更多超预期的情况，总能立于不败之地。

（三）二者关系小结

股市力道分析，亦即传统的量能、量价结合分析法，为技术分析中对走势推导和转折研判添砖加瓦，提供更有效的信息或结论。不仅如此，股市力道分析还从更为实用的角度和立场出发，且从传统的量能分析、量价分析法中提炼出更为实用的规律和方法。所以，股市力道分析是量能、量价结合、主力资金行为分析等的发展延伸，具有更为广义的概念特征。尤其需要强调的是，我们提出的分类分析法包含典型和非典型等情形，无所不包，系统精准，能够为我们实际操作提供更加精准的研判。

再者，股市力道分析隶属股市动力学范畴，而动力学包括成交量与量能、能量及力道等概念，所以可以说，股市力道分析就是量能分析、量价结合分析，两者之间是相通关系。

二、股市力道分析与背离关系的探讨

一言以概之，股市力道分析的本质是，结合市场走势，通过观察市场参与者博弈过程中提前透析出，谁将成为最后胜利者？并据此掌控走势未来的方向，从而指引当下投资决策的一套分析方法。实际上，这里说的本质，其实也是股市力道分析的功能体现。毕竟扭转和改变市场走势，令走势发生转折的根源在于市场力道中谁是最后的胜利者所决定。并且，该胜利者总会经历一轮由幕后走向前台的过程。而这一点在走势和量能结合观察时，所表现出来的规律特性是类似某种指标由"暗变"到"明变"的演变过程。而此过程的演变，实质上类似于我们此前提及过的背离理论的本质所在。由此可知，股市力道分析和背离理论存在某种关系。

在做进一步介绍之前，先来分享一段源于网络的文字：

"股票市场是一种群体的行为，而不是单个的行为，既然是群体行为，那它就有群体的差异性。有的人会从自己的角度出发，有的人会从资金角度出发，有的人会从消息面角度出发，甚至有的人从技术的角度出发，但终归有一点，那是亘古不变的，那就是：无论我们从任何哪一个角度、哪种因素出发，最终都要反映到我们的操作行为上面，而操作行为一定会引发市场或者个股资金发生变化，因为我们是用真金白银去买进卖出，继而实现我们对市场的判断，使我们的想法得到兑现的……

"其实对这种情形的描述，也是我们所要阐述的所谓资金推动论的根本立足点。至于说，这些资金谁先来推动，后面谁来火箭封市——这种态势谁来做？这个无所谓，不管什么样的人，上面的角色都需要在资金这方面得到体现。"

受这段文字的启发，我们了解到，参与者和资金买卖行为决定了市场走势变化根源所在。并且参与者的买卖行为会引发价格变动、指标的变化。至于这种变化是否具有某种规律特性，从而辅助我们对价格走势做出推导研判呢？这是我们需要认真思考和探索的问题。至少，我们从中找到了多空二力博弈的表现特征，并由此提炼出了背离理论。

根据上段文字我们实际上还可以继续讨论所谓资金推动论——不过是对股市做多做空的力道之源头问题的讨论而已。买进，即为做多力道，卖出为做空力道。至于主力资金在实际中是充当做多力道性质，还是充当做空力道性质，以及如何体现在股市力道的分析中？这是我们接下来要重点探讨和寻找的答案。

同时，不能否定的是，无论是资金推动论，还是股市力道分析，落实到最为实用之处，实质上是在观察是否有背离。在背离知识的讨论中，我们曾说过，背离本质实际上是看谁成为最后真正的主导者（胜利者），然后由此决定新的走势方向和性质，并且这是指在任何级别之中的情形。

如此一来，股市力道分析法与背离的关系就变得非常清晰了。即如果从股市力道分析法的实用之处出发，那么，答案无疑是对背离理论的提炼——亦即笔者其他理论中所定义的背离理论和用法。只不过背离理论又太过于泛指了，而但凡提及背离二字，很多人对之都有不同的理解，甚至立刻联想到诸多传统指标背离的用法等，诸如此类。如此一来，就会把人搞乱。其实，背离理论本质上来说，不过是股市力道分析法中一个重要的理论分支而已。而我们又不过是在试图用背离理论中所描述出的市场表象特征，以揭示多空二力博弈的本质，并且将其运用到对市场走势转折和拐点研判中。

三、股市力道分析的定义

介绍完了股市力道分析与成交量的关系，也简单介绍了股市力道与背离的关系，那么，究竟何谓股市力道呢？

根据前面对股市力道分析与量能、量价结合等关系的讨论，还有对其与背离理论本质关系的探讨可知，若按照狭义和广义的定义划分，股市力道分析法被提升至与定义为一种更为广义的方法论。用它来辅助推导、研判走势的转折和拐点，具有很好的补充作用。至少对提高走势短中长等不同阶段、不同情况下发生转折和拐点的准确性，有着极大的帮助作用。但若从狭义层面定义的话，股市力道分析就是成交量分析，由其转化和翻译而来。

不仅如此，如若按照股市力道的性质划分，可分为多头力道与空头力道。多头，顾名思义，指买进做多的资金力量；反之，空头，为卖出做空的力量。并且由这两者博弈的结论决定后面走势的方向性质。此外，力道性质与走势之间有个最为普遍化的规律：走势为上涨时，成交量跟随增长，此时股市力道性质为多头主导；反之，走势为下跌时，成交量随之萎缩，此时股市力道性质为空头主导。

笔者之所以用走势段和阶段划分股市力道性质，主要源于我们在形态学内容中特别强调过走势段才是我们研判的基础和关键所在。这是形态学中所有走势类型和形态元素最为基础的部分，包括中枢和趋势，无不是由段元素构造而成。为此，对应每一个走势段的量能演变情况，成为我们在实践中跟踪观察研判和运用的关键所在。这种运用最为直接做法是对比观察，即将中枢或者趋势中后一段与前一段对应的量能做比较，然后由此判断出力道是否出现变化？一般情况下是"暗变"，有时候是明显的变化，无论与否，发生变化时，往往预示着走势转折即将出现。

因此，我们将股市力道的性质划分为多头力道与空头力道两类。并且根据这两类性质划分，遵照走势的实际情况，还有相应的力道演变情况，遵循两者的演变规律，将其运用到实际中，力求做到能够精准研判任意一种情况下的走势转折和拐点。

根据上面的讲述，归纳起来，有以下几点值得重视：

第一，我们所指股市力道分析不是具体指代某种指标，但与力道相关的指标有时候确实可以用来作为参考。

第二，股市力道分析是一种广义的分析方法，是成交量分析法的升级版，是背离理论的本质来源和研判基础的载体。

第三，股市力道分析实质上是一种用来辅助研判走势是否终结的方法之一。

第四，具体说，股市力道分析是通过对走势各阶段的成交量变化，来预判走势未来结果，不排除这种研判法会动用到与背离工具相结合。毕竟背离本质就是原主导走势性质力道发生"暗变"甚至"明变"所致，那么，新性质力道随即掌控走势接下来的方向。

第五，综合以上，所谓股市力道分析，是指通过对走势中所对应的量能、量价及主力资金行为规律分析和探讨，从而寻找和研判走势如何发生转折及拐点的一套分析方法。

第三节
走势与力道结合的典型情形分类解析

一、大盘与个股之趋势运作时力道演变特征解析

说起走势各阶段出现的力道演变特征，首先需要说明的是，走势各阶段的股市力道分析包括各阶段量能、量价变化等特征。不仅如此，在走势分别处于上涨或下跌中时，体现在力道上的变化特征也是不同的。对此，我们会在后面分别展开讨论。同时，考虑到大盘指数与个股的力道分析，或许也存在某些不同特征，所以，后面我们将对两者分别进行讨论和解析。

（一）大盘指数处于上升走势时各阶段力道演变特征解析

大盘力道分析，根据性质分，分为上升趋势或下跌趋势，具体内容又包括各走势阶段所对应的量能、量价变化等特征分析。不仅如此，我们还将力道分析中由力道主导走势运作所出现的演变特征进行分类说明，至少分为以下几种情况：

第一种，当前市场为绝对多头（或绝对空头）主导走势时，当前级别中的走势总是出现单边涨（或者单边跌）的情形，并且，在当前级别走势中暂时没有出现中枢（震荡形态）结构——此时中枢只有在次小级别中才会看得到。

第二种，若多空力道处于均衡状态时，当前级别走势中往往会出现明显的破坏段走势——意味着中枢形态在当前级别中出现了。

除了以上所揭示出来的走势形态特征之外，还会出现量能、量价变化等相关特征。对此，我们将所要表达的观点进行分类说明。

当市场走势为强力多头主导，并且处于绝对多头主导之时，此时走

势为上涨趋势。在上涨趋势趋于完成，构造出最后的终结段（也为转折段或背离段）时，此时所对应的量能、量价变化会出现以下特征：

当股指涨到越高点位时，往往越会放出巨大的成交量——一般超出前期历史最大量的 2 倍甚至 3 倍以上，此时股指大概率会发生转折、出现拐点。同时，在其同阶段的次小级别走势中，还会出现量能和量价背离的特征。这两点一般都是同时出现的。当然，这种量能、量价背离特征仅限于在最后终结段的次小级别走势中出现，但也有可能不会出现典型背离特征。基于背离特征是走势转折典型的预兆，属于情况之一，而非背离特征却是令人难以捉摸的，属于另一种情况。但无论是典型情况，还是非典型情况，只要走势确定完整完成了，亦即意味着，本质上某主导力的彻底衰竭，从而走势终将都会发生转折。

如果以一个趋势五段（1 + 2 + 3 + 4 + 5 段，其中 1、3、5 三段为上涨段）走势为例的话，那么，在当前级别的上升走势中，越是往后走势段——如最后的第 5 段出现并完成时，相较于前面 3 段或 1 段所对应的成交量情况，往往会出现后者明显大过于前者的情形。对于这种情形，如果从市场心理层面解读的话，可以这样理解：上涨的行情越是纵深发展，持续时间越久，向上涨扩展空间越大的话，那么，参与的人数和资金量就会越来越大——多数人情绪此时定然是越发癫狂，无视风险，加大买进资金量。如此这般，便造成了越是在后面出现的上涨段，所对应的成交量越大。至此，问题关键在于，待到走势果真发生转折和出现拐点时，量价二要素又会是什么情况呢？对此问题，我们以为也可分类看待。

例如，我们以图 4-2 为例理解。

图 4-2 为沪指月线 325~2245 点上升走势图。一共分为五段，其中奇数段为上升段，偶数段为下跌段。通过观察发现，奇数段越往后，譬如第 5 段对应的量能远远大过于 3 段，而 3 段对应的量能远大过于 1 段。那么，此时会出现一个问题，如何据此研判 5 段是当前走势最终转折段呢？答案是，如果仅从当前月线级别走势看，似乎并不能得出什么更加有用或更有价值的信号与提示。至少暂时难以完全确定 2245 点是当前上

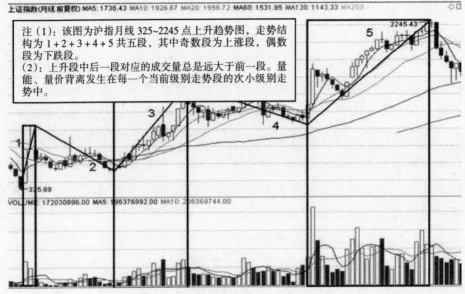

注（1）：该图为沪指月线 325~2245 点上升趋势图，走势结构为 1＋2＋3＋4＋5 共五段，其中奇数段为上涨段，偶数段为下跌段。
（2）：上升段中后一段对应的成交量总是远大于前一段。量能、量价背离发生在每一个当前级别走势段的次小级别走势中。

图 4-2　沪指月线走势（325~2245 点）

涨趋势转折的拐点。

说到此处，我们需要重复一下前面已经提到过的观点，即以上 3 个上升段的量能、量价背离发生在各自次小级别走势中时，其演变情况所具有的特征。无论是图 4-2 中的 1 段，还是 3 段，或者 5 段，尤其是第 5 段作为本级别走势的终结段，又叫背离段或转折段，在次小级别走势上都出现了量价背离特征。而且 2245 点既是次小级别转折点，同时还是其月线级别走势转折的拐点。

继续以图 4-2 第 5 段为例，其实从肉眼就可以看出，在第 5 段的内部已经出现了 2~3 次放量又缩量的特征，不仅如此，背离的特征还可以通过该走势段内下方所对应的成交量的均量线的运作情况，即从 5 日与 10 日均量线运作中发现端倪。例如，在图 4-2 中（月线级别），2245 点所对应 10 日均量线上的参数值，在与前面两次峰值的参数值比较时，明显矮小很多——这是明显背离特征。同时，在图 4-3 中（周线级别），同样是在 2245 点出现时，下方对应的 5 日均量线（成交量柱图上方紫色曲线）的参数值，明显低于前面首次出现高点的峰值——也是典型的背离。

大小级别走势形成背离共振的特征，所以 2245 点最终必然会成为走势转折的拐点（终结点）。

至于在周线级别走势中，所能够清晰地看到的走势和量能演变情况又会怎样呢？即在原本月线级别第 5 段的内部次小级别走势中又如何呢？用图 4-3 进行消化理解。

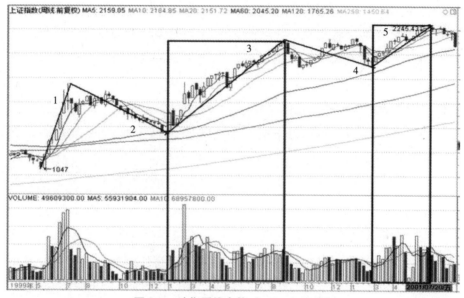

图 4-3　沪指周线走势（1047~2245 点）

图 4-3 是沪指周线 1047~2245 点上涨走势图，相当于前面月线走势图中的整个第 5 段——两者为同期走势段图形。我们在比较这幅图例中的 5 段和 3 段对应的成交量时发现，图 4-3 中的 5 段比 3 段所对应的量能明显缩小许多——注意，这时对应的股指可是创出历史新高的，最高到了 2245 点。只是创出了新高又怎样呢？基于量能相较于前一段明显萎缩了，这是典型的量能背离，同时还是量价背离。这一特征上升到大级别的月线级别走势看（见图 4-2），同样也证实了上述观点。基于月线级别走势第 5 段的内部出现了量能、量价背离，因此，2245 点必然发生走势转折，而终将成为拐点。

结合以上解析，无论是月线级别走势图，还是周线级别走势图，我们所列举的都是沪指大盘处于上升走势时所展开的讨论和例证。并且这两个实例都是刚好完成了一个完美的趋势五段的形态。它们都非常清晰地例证了我们想要探讨和表达的观点。

通过这些分析，我们再次做一回顾：此前我们所要阐述的观点，即有关走势各阶段量能、量价变化规律的讨论。仍然需要事先说明的是，这种案例只是例证了咱们所要证实的一个观点而已。根据我们深入的研究，其实上升走势若出现一个转折拐点，同时所对应的量能、量价变化特征是具有多种不同类型的情况的。当然，如果用更为专业的说法，这些情况是可以进行系统分类的，那么只要我们掌握其中的一两种分类，也可以在实际运用中帮助我们。只是这种分类是怎样的呢？顺便做一回顾。

事实胜于雄辩，根据以上两个实例图形（见图4-2与图4-3）的例证，对于沪指大盘的走势各阶段所存在力道变化，具有这样几种特征：

一是处于上升趋势中的大盘，越往后的上升走势段，所对应的量能往往越大，即成交量往往越大，有时候甚至超出前面各上升段几倍的量。

二是在一个五段结构的上升趋势中，前3个上升走势段在出现走势转折时，无论是临时转折，还是当前级别上升趋势的终结与转折，其所对应的拐点位置时的量能，往往在其同期的次小级别走势中会出现量能、量价背离的特征。即股指越高，甚至不断创出新高，但量能却明显萎缩的特征。这种情况出现时，往往预示当前上升走势段要发生转折，即将出现转折拐点。有时候会是次级别的拐点，有时候是当前级别走势的拐点。

三是沪指大盘在上升走势中创出历史新高时，对应出现了巨量，有时候甚至是天量，那么，对应后市走势多数情况下会出现转折和拐点，有时这种转折和拐点延后出现，有时候在当下出现，具体情况具体对待。总之，放出巨量，又创新高多是预示大盘走势要出现转折的警示信号。

以上所讲述的是沪指大盘处于上升趋势量能、量价变化特征。而众所周知，此情况无疑是市场中多头力道主导走势的结果。于是结合量能、量价变化规律特征所展开观察分析和研究，实际上是探讨多头力道主导大盘上升走势时所体现出的特征规律。而我们就是试图通过此探讨寻找到多头力道主导大盘上升走势的规律性，以方便我们为日后实际运用做辅助。

回顾前面的探讨，我们的观点是，当大盘受多头力道主导时，且为强势多头主导时，大盘在当前级别上出现单边涨的特点，一般不会有中枢震荡形态和结构的出现，即使有，也只会出现在次小级别中。这种单边上升走势的最终发生转折和拐点，在量能、量价变化特征正如上所述，或是其次级别走势中出现量能、量价背离，或是当前级别突然出现巨量甚至天量。并且，越到上升趋势最后终结段时，量能成倍地放大，然后在终结段次级别中出现缩量和量价背离特征。旋即，后市多数会在走势刷出新高时发生转折、出现拐点。

至于力道出现均衡状态时，基于总体上多头仍然略胜一筹，占据上风，主导走势继续向上。此时在当前级别走势形态上就会出现中枢，不用观察次小级别了。当然，对于最后完成该上升趋势，发生走势转折和拐点，对应量能、量价变化也是如上之所阐述。

以上所做讨论是沪指大盘处于上升趋势中的力道分析情况，至于下跌趋势由空头主导走势时的情况，具体参考后面的分解。

（二）大盘指数处于下跌趋势时各走势段力道变化特征分析

前面我们讨论过了沪指大盘处于上升趋势时力道变化特征与规律，接下来，我们继续探讨走势处于下跌状态时股市力道变化的特征。

区别于上升趋势中的量能、量价变化特征，明显不同的是，当大盘处于下跌趋势中时，各阶段走势所对应的量能、量价关系的变化，则呈现完全不同的演变规律。对此规律特征展开观察研究和分类讨论，若能顺利掌握的话，则能在一定程度上辅助我们对实际运用中处于下跌走势中的大盘做出精准研判。那么，沪指大盘处于下跌趋势时，例如以下跌趋势五段或者三段为例，展开分析的话，可观察到，各走势段，尤其是终结段，或叫转折或背离段，所对应的量能、量价关系又具有怎样的变化特征呢？这是我们接下来要展开探讨的主要问题。

先来看个案例，即沪指大盘处于不同时期，或者是不同级别情况中下跌走势的分解与介绍，如图4-4所示。

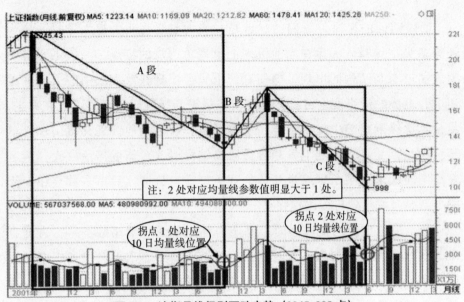

图4-4　沪指月线级别下跌走势（2245~998点）

在对图4-4进行分解后，沪指月线级别一个下跌走势，可以大致分解为下跌为主的A段、B段、C段三段，各自具体分解为：

A下跌段类型：2245~1307点，为当前月线级别走势中出现狭义的五段式的趋势，具体形态呈一波三折式下跌走势；

B破坏段类型：1307~1783点，为一单纯上升走势段，当前月线级别走势中没有中枢，但次级别存在中枢；

C下跌段类型：1783~998点，为当前月线级别走势出现盘整下跌走势，其次小级别出现中枢形态。

基于A段为走势发生转折后首个主跌段，所以，走势结构上较为复杂，并且在次小级别中，例如周线级别的同时期走势中，出现下跌趋势五段结构，如图4-5所示。

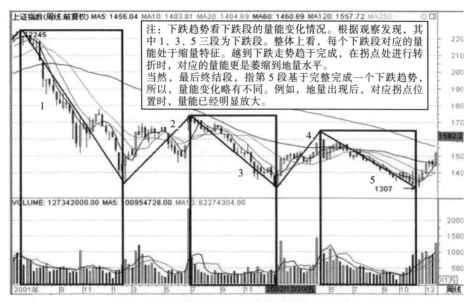

图 4-5　沪指周线级别下跌走势（2245~1307 点）

对照上面两图（见图 4-4 和图 4-5）可知，月线级别走势图的下跌 A 段，实质上是周线走势图中的 1＋2＋3＋4＋5 下跌趋势 1 段。

解说之前首先需要声明的是，任意走势，无论月线还是周线级别走势，在完整完成走势的构造时，总会经历一番周折，例如这里月线沪指的下跌趋势 A 段、B 段、C 段三段，或者周线级别的下跌趋势五段结构，均是一波三折才完成的。所以，接下来我们着重展开的研究，即在于下跌的终结段与前面各下跌段所对应的量能、量价关系对比上，并从中寻找出二者究竟存在怎样的特征规律。这是我们要讨论的重点和关键。

我们将月线走势 A 段放到周线走势看，实际上是将其放大了进行观察，为此，我们清楚地观察到，越往后的下跌段所对应的量能整体看越小——如周线图中 5 段对应量能小于 3 段与 1 段量能，越往后则越小。除此之外，还有一个典型的特点，即每一个下跌段所对应的量能均呈现价跌量缩特征，并且直到 5 段终结时，量能几乎缩至地量水平。而后才发生较大级别的反弹走势。暂且不去看后市反弹空间级别和时间级别能持续多久，但理论终究没有错，至少在当下时刻，能够据此特征得出走

117

势将要发生反转的结论。这一点无论是从形态学运用，即从走势完整分解与对未来走势推导中可以得出，也可以从量能、量价关系变化中得出该结论。假如将这两个结论结合起来综合研判，那么就更能确定和提高走势将发生反转的可能及概率。此后，事实证实了这一点。

当然，对此情况，如果用力道分析的术语来描述：

待到周线走势中第 5 段结束后，于是此前一直主导下跌走势段的空头力量趋于衰竭状态，至少相对于周线级别而言是暂时趋于衰竭——衰竭的表现特征即可从走势和成交量两大要素中寻找到痕迹。当下跌走势完成衰竭后，接下来将由多头力道暂时主导后市的走势。既然后市走势为多头力道主导，即展开上升走势的构造——旋即构造出图 4-4 中的 B 段。这也是在分析月线级别中的反弹 B 段是如何出现的。

同时请记住，在实际运用中，一定是在当下就要对历史走势完成分解和未来走势进行推导的情形下，才能够对破坏下跌段、出现分力的情况做出预期的。

如果围绕本章节探讨之主题，将其进一步展开的话，即要探讨在下跌趋势中我们如何判断走势将完整完成，或趋于完成的呢？说得直白点，这就是在讨论下跌走势中主导下跌走势的空头之力怎样演变，并最终出现衰竭，然后出现由多头之力接管，开始构造上升走势的呢？在这一过程中，又会出现怎样的变化特征，并且具体体现在各走势段对应的量能、量价关系上的呢？

对上述系列问题，其实前面已经做过简单回答了。接下来，我们将展开更进一步、更深人性的探讨。

继续回到图 4-4 沪指月线（2245~998 点）的下跌走势中，我们将下跌 C 段与 A 段所对应的量能进行比较，表面看并未出现明显缩量特点，但仔细观察两段最低点位各自所对应的下方 10 日均量线参数值，后者（998 点）对应参数值明显大于前者（1307）点参数值——这是典型的量价背离特征，即价跌量增。并且更为主要的是，这是处于当前月线级别走势的末端，终结段之时发生的。记住了，月线级别足够大，非常大，所以走势上能够完成一个 A 段、B 段、C 段三段的结构已经足够了，对此不必钻牛角尖。何况如果将视角放大到更大级别中观察时，你会发现，2245~998 点的下跌仅为更大级别走势中的一个临时回跌段而已。

在讨论完了月线级别中存在这样特点后，我们举一反三，可以猜测，在上面沪指周线级别走势中，是否也具有类似这样的特征？

其实前面已经做了简单阐述，那就是在终结段 5 段即将结束，但还未跌至 998 点时，成交量却已提前出现了地量特征。一直以来，业内广为流传这样一句投资口诀，即"地量现地价、天量现天价"。我们回到周线走势图中对照发现，当 998 点真正确立为拐点之前，成交量已经出现地量水平，而且是有史以来最低值（为前面量能均值的一半或者更小）。这是典型的地量特征，后面定会出现地价。地价即最后的见底价，也即走势转折的拐点。

对上述例证做回顾，我们了解到，在对大盘走势做力道分析时，仍离不开对一个完整的趋势（走势）中各阶段量能、量价关系等情况展开分析和讨论。本节以沪指月线和周线下跌走势的实例进行解说。通过解说，我们发现一些规律特性。当然，这些归纳提炼总结所得的规律特征，也不过是诸多力道特征分类情形中的一种表现情况而已。那么，掌握了一两种力道分析特征规律，就能够对我们实际运用起到极好的辅助作用。我们所归纳出来的股市力道特征如下。

当大盘走势确立为下跌趋势，并且开始向下跌趋势展开构造时，各个下跌走势段对应的量能、量价关系整体上呈现：越往后面出现的下跌段所对应的量能，越发呈现持续萎缩的特性，甚至待到下跌趋势进入终结段构造时，不排除会出现地量水平（相较于前面平均量值至少一半以下甚至更低水平）。当大盘下跌趋势构造趋于完整完成，并且出现了地量水平时，就预示着走势将有发生转折、出现拐点的可能。并且，以上规律特性适应于任何级别走势的情形。

除此之外，还有一种情况需要简单提一下。在终结段趋于真正完成时，此时定然是出现了历史新低，股指不排除还会继续下跌，但量能并未继续缩量（非地量的情形），而是出现价跌量增的变化，即出现了量价背离的特征。当此情况出现时，往往会加强、加大走势要发生转折的预判，亦即后市会出现反弹或者重回升势。至于实例此处暂略。

以上所得结论，主要是通过量能、量价关系与下跌走势各段结合起来进行系统分类分析而得出的。如果回到走势与力道的术语进行表述的话，则是这样的：

当沪指处于下跌走势，从 2245 点发生走势转折开始，直到 998 点为止，空头力道主导其走势，虽然中途也曾出现过破坏下跌的反弹走势，但观察后面结果，均夭折而终。至于为何中途夭折，借用力道分析术语来说，那就是空头力道主导走势并未完全衰竭，只要空头力道一息尚存，仍会主导走势继续向下，所以，待其消耗掉多头力道之后，走势定将再次重回跌势，直到其力道完全衰竭为止，才可能真正出现走势的转折和拐点。

在前面所描述的过程中，我们对空头所主导的下跌走势，根据其构造出的形态和结构的差别，做分类描述的话，存在以下两种情况：

一种是当处于空头绝对主导情形时，在当前下跌走势级别中暂时不会出现中枢结构，中枢形态只会出现在其次小级别的走势中。

另一种是出现分力抵抗，局面暂时显露均衡态势，在当前下跌走势级别中会出现中枢形态。

根据这两点可知，形态的复杂程度往往会告诉我们力道实力的大小，以方便我们对走势做出更为精准的研判。

综合以上对大盘分别处于上涨和下跌两种走势情况的分解，最后得出的主要观点是：

无论大盘处于上涨走势，还是下跌走势，我们在此进行系统专业的讨论，均是为了找到主导之力在主导走势运作和构造时，其合力与分力博弈所存在的规律特性，还有主导力最终出现衰竭时的变化特征。这一点或许能够从量能、量价关系分析中找到些许端倪，所以，我们此前已经做过交代，股市力道分析包括量能、量价关系分析。当然，股市力道分析又不限于此。

在前面，我们讨论完了大盘分别处于上涨和下跌走势中走势结构、形态和力道演变的特征规律，那么，针对个股在走势结构、形态与力道演变上，又会呈现出怎样的特征呢？且看下面的解析。

（三）个股走势在各阶段力道演变特征解析

前面我们讨论了沪指大盘，分别处于上升和下跌走势中力道演变的特征，接下来，我们例证个股上涨或下跌走势中的力道演变特征情况。同样的，在开始之前，需要事先交代几点：首先，我们所举案例只是代表市场走势中某种典型分类情况，而并非全部个股走势的分类情况。换句话说，这种典型分类情况并非唯一存在。其次，我们但凡掌握了某种共通性的东西，就可以将其灵活运用于其他个股走势研判中。当然，具体情况还应具体对待，毕竟"世上从来就没有两片完全相同的叶子"。但是，分类原理的启示和运用方法，却仍然适用于所有个股品种的走势研判。

1. 个股处于上涨走势中力道演变情况解析

为了方便理解与掌握，接下来，我们以2016年比较热门，并且涨幅较好的品种万科A为例展开解析，如图4-6所示。

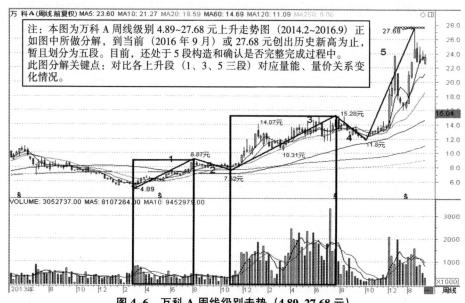

图4-6　万科A周线级别走势（4.89~27.68元）

图 4-6 为万科 A 周线级别走势图，分解时间周期为：2014 年 2 月至 2016 年 9 月，价格区间为 4.89~27.68 元。在对该股历史走势分解后，我们发现整个走势结构一共分为五段，如图标示 1+2+3+4+5 段，其中奇数段为上涨，偶数段为下跌。根据图 4-6 所展示，并根据本章节所探讨的主要方向，即上升趋势中各走势段对应的量能、量价关系变化特征，从而变得易于理解。

通过观察图 4-6 可知，上涨走势 3 段对应的量能，明显远大于 1 段，基于 5 段还处于未完成状态，还不能确定量能是否会大过 3 段，但大过 1 段是毋庸置疑的。由此却能够了解到一点，此情形和大盘处于上升趋势中量能变化的特点类似。所以，我们可以借助大盘这种情形辅助研判走势。

此前有个观点，再次重述一下，即行情越往纵深发展，上涨空间越大，持续时间越久，后面上涨段所对应的量能会大过前一段。即使了解了这一点，此时还不能帮助我们辅助研判当前走势是否终结？或者走势是否发生转折并出现拐点。因为我们所要研究的是转折发生时对应的量能、量价等变化特征。为此，我们进一步观察研究发现，在图 4-6 中，无论上涨 1 段，或 3 段，又或未确定完成的第 5 段，在各自的拐点处，并且于次小级别走势中所对应的量能、量价关系，又存在怎样的变化特征呢？

通过对照观察，我们发现，这 3 个上升段刚好代表了个股处于上升走势中 3 种不同力道情况下的分类演变特征的展示。例如在 1 段结束时，我们探究该段对应的力道变化特征发现，临近 8.87 元（1 段拐点）时，量能与前一段走势对应量能基本持平，创新高之日过后，下跌之日出现明显放量，即价跌量增——而且是在最高价的次日出现。当然，这一阶段走势根据走势完整性研判似乎更加具有说服力，因为它的次级别自 4.89 元上涨起来，至 8.78 元为止，已经完成一个五段式的上升结构，符合完整趋势定义的表述。

不过，目前我们实际上要重点分解上升 3 段。为了直观起见，我们调出同期日线级别走势，进行对比观察和寻找某些特点与规律。

其中，上升 3 段（7.52~15.28 元），处于 2015 年牛市和股灾期间，如图 4-7 所示。

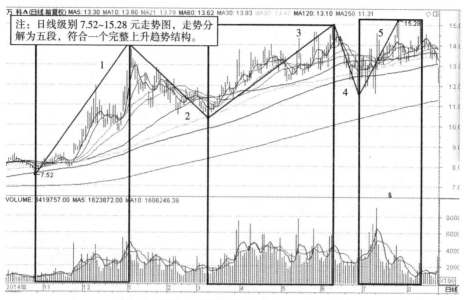

图 4-7　万科 A 日线级别走势（7.52~15.28 元）

将图 4-6 周线级别走势图中的 3 段，并与图 4-7 日线级别走势图对照发现，前者为周线级别一个上升段，后者为日线级别五段式，二者均属同一阶段、同期的走势图。

在此，我们所要做的探讨是，周线级别走势中的 3 段在走势转折、出现拐点，即对应 15.28 元价位时，在其次小级别（日线）中各阶段对应的量能、量价关系上存在怎样的特征？

通过对日线走势观察发现，十分明显，日线中的 5 段对应的量能明显小于 3 段，而 3 段明显大于 1 段的。当然，3 段对应的量能大于 1 段，即价升量增，属于正向匹配，本是正常的现象。可 5 段却出现价升量缩，即不正常，典型的量能背离，两者不匹配，呈现量价背离。所以，股价运作至 15.28 元时出现了转折，无论是临时的还是大级别转折，但事实是出现了下跌。这说明该特征揭示出来的规律是正确的，按此提示参与实际中的操作是大概率胜算的事情。至于后市下跌空间的大小和时间长短，详见后面的讨论，此处暂时不做进一步的讨论。

除此特征之外，其实当走势要完成终结，进入背离段时，也是出现了天量特征。例如，在图 4-6 的周线走势中，即 15.28 元的两周前（指 3 段尾端），对应的量能明显放大，至少比平时高出 2 倍还多。对应到日线级别时，如图 4-7 第 5 段走势，具体对应了 2015 年 7 月 10 日，天量出现。在此之后没多久，具体到 7 月 24 日，便出现了拐点（做历史回顾即可确认）。而后，虽然在 8 月 11 日貌似再度出现次高价位，而且该点位只是短暂的出现（好比二卖点），确认结束后，上涨结束，走势确定转折，最高点位即拐点价位为 15.28 元。根据后面事实可知，后市股价最低跌至 11.8 元才结束，历时数月之久。

至此，暂且做一下回顾与小结：

根据以上案例解析，通过观察研究发现，当个股处于上升趋势构造之中时，首先要完成一个完整的趋势构造。或者说，要真正完整完成一个走势，无论涨跌任一情况均可。此时确定要发生转折出现拐点的话，那么，终结段所对应的量能必然要出现两个特征，这两个特征有时候同时出现，有时只出现其中一个，但都不影响我们的研判结论。其具体情况为：或者是终结段（或叫背离段）所对应的量能出现明显萎缩，即量能、量价背离出现；又或者，在终结段面临转折时出现天量（相较于此前的量能要高出 2 倍甚至更高倍数以上），即天量出现后、出现天价，然后走势终将发生转折、拐点出现。

不仅如此，此两种分类规律的特性会在该走势段的内部（即次小级别走势中），更具有完美和完整的表达特征。具体描述是，如果一个大级别走势段趋于完整完成时，观察其同期次小级别走势对应的各阶段走势的量能、量价关系情况，我们往往可以清楚看到，后一段与前一段发生量能、量价背离的特征。如有此情况出现，则预示着大级别走势，或者次级别走势都将发生转折、出现拐点。主导走势的力道性质将发生由暗变到明变的变化，即所谓背离。

这里预留一个思考题，即从前面万科 A 的周线级别的走势图看，到

2016 年 9 月止，其走势结构还有对应的量能、量价关系情况看，又分别进入到了什么状况呢？

如果图 4-6 中标示当前为第 5 段的话，那么，就是说当前进入周线级别走势的终结段，或叫背离段构造之中。既然走势上在等其终结段构造结束，那么对应量能是否已经发生一些变化呢？还有，在同期日线级别走势中的次小级别上，对应量能情况又会怎样？如图 4-8 所示，也是构造出四个走势段。按照此时分解的话，是否又预示着后市还会有第 5 段呢？至少按照目前情况看，我们发现，此阶段的日线级别走势中的第二轮（3 段）上攻虽然创出新高，但量能却明显萎缩。如果未来还有第三轮（5 段）上攻走势话，是否也会出现量能萎缩与量价背离现象发生呢？具体参考图 4-8 解答。

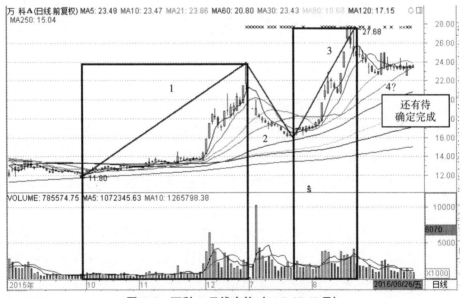

图 4-8　万科 A 日线走势（11.8~27.68 元）

以上所留思考题的时间是 2016 年 9 月，也是当时图例截止时间。为了加深对本理论的理解与掌握，如今复盘万科 A（2017 年 10 月），对照此后真实的走势图，如图 4-9 所示，更肯定与证实了我们这套分析方法的有效性。

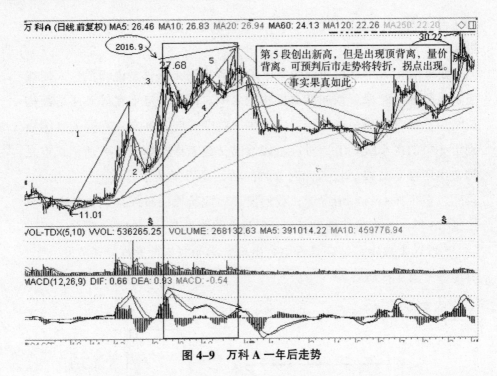

图 4-9　万科 A 一年后走势

由图 4-9 可知，自 2016 年 9 月股价刷出 27.68 元新高后，即出现调整走势，当时我们不知道调整走势会以何面目示人？如今复盘观察到为一个中枢结构。承接前面留下的思考，结合本分析方法，当时预判到走势还会有第 5 段，才能完整完成一个上涨趋势。事实证明，后面果真如此，作为临时破坏性质的中枢结构完成后（4 段），再度出现第 5 段，最高涨至 28.21 元。与此同时，仍是受本理论方法提示，观察量价变化情况——典型量价背离，如图 4-9 所示，不仅如此，还有典型顶背离，观察指标和走势情况。于是，在走势趋于完整完成，量能明显顶背离的情况之下，据此即可研判走势随时面临转折，将会出现拐点的可能，概率性大增。后面事实证实了这一点。

2. 个股处于下跌走势时力道演变特征解析

讨论完处于上升趋势中力道主导走势变化特征，再来探讨下跌走势段中力道演变特征。我们认为，仍然分为两种情况：

第一种，当前级别走势处于上升趋势中，但中途出现临时的回撤段的情形。如前面图4-8中的偶数段，第2、4段就是属于这种情况。观察这两段各自对应的量能、量价变化情况，发现股价下跌时对应成交量不断萎缩。属于典型的价跌量缩情形。待到下跌走势趋于完成时，观察临时拐点又发现，此时对应的成交量甚至出现了地量的水平，而后便出现见底反弹、重回升势段。具体可参考图4-8中第2、4段，分别对应的量能变化情况理解。这是情况之一的描述。

第二种，当前级别走势已经确定进入下跌趋势构造中的情况。具体解析我们结合图4-10作参考。

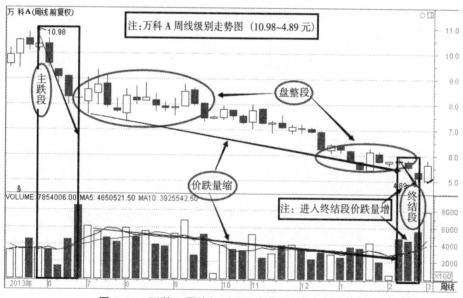

图4-10 万科A周线级别下跌走势（10.98~4.89元）

由图4-10可知，我们仍然是取万科A中某个阶段的下跌走势为例进行分解。其时间周期为：周线级别2013年5月~2014年2月，股价区间：从10.98元跌至4.89元的下跌走势段。对历史走势结构的分解观察到，在经历一轮主跌段后，紧接着是一轮漫长盘整走势，而后股价继续破位下行，再接着是一轮盘整走势（虽为盘整，实质是盘整下跌不断创出新

低的情形），盘跌结束后再度下跌，进入终结段，即背离段走势，直到
4.89 元处发生转折。

下跌走势阶段所对应的量能情况描述如下：整体上看，该下跌趋势
维持价跌量缩的态势，越到后面随着股价继续创新低杀跌，成交量进一
步萎缩。直到出现终结段，亦即背离段时，股价虽然继续创出新低，但
是成交量明显放大，典型的量能、量价背离。如果对此看得不太清楚，
还可以到更小的同阶段之日线级别走势中查看，如图 4-11 所示。

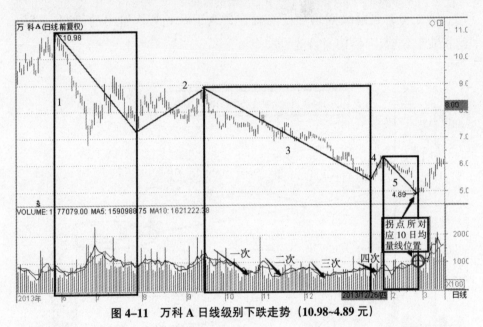

图 4-11　万科 A 日线级别下跌走势（10.98~4.89 元）

图 4-11 仍为周线级别同期下跌走势（10.98~4.89 元），在走势结构
上，分解为五段式的下跌走势。其中，奇数段 1、3、5 三段为下跌段，
偶数段为反弹段。我们在此讨论的问题是，各段所对应的量能、量价关
系变化的特征。我们还特别留意到，图 4-11 中每一个下跌段进入下跌
时，各阶段所对应量能、量价关系都会发生一些微妙的变化。例如，下
跌 3 段开始，越到后期明显比前期各阶段下跌的量能都要小，待到第 5
段出现时，对应的量能、量价关系却发生更加有趣的变化，即对应的量
能明显大过于前面各阶段量能。同时，此时关键在于，走势转折拐点

4.89 元所对应的 10 日均量线位置高过于前面下跌段各个低点的位置——这就是明显的量能背离特征，如图 4-11 右下角所示。

本部分至此，做个回顾和小结：

当某个股处于下跌走势时，越是进入下跌趋势尾段构造，或叫终结段构造时，量能在股价下跌过程中，后面各段越是呈现不断缩量特征。并且越到后面每段，对应的量能往往萎缩越发厉害。甚至不排除陷入地量水平（比前面均量水平 1/3 还要小）。其次，直到真正进入终结段构造时，又叫背离段，在越发面临走势转折出现拐点之际，此时对应的量能会出现明显放大迹象——量能、量价双背离。用到力道分析的术语上，即主导走势的力道性质由暗变发生明变，在拐点处发生后，走势旋即发生转折。

通过对所列举的万科 A 案例进行解析可知，个股走势，无论涨跌，在量能、量价关系，亦即力道演变特征上，均有着异曲同工之妙。出于对此点了解，我们可以融会贯通、灵活使用，具体分析和运用方法可参考前面解析。

对走势各阶段，无论涨跌趋势中，力道演变特征规律的寻找和探讨暂告一段落，也许我们能够了解和掌握某种力道演变规律。但同时，有心人又会有新的疑惑，从心间所思再逐渐浮现于脑海中。如我们在案例中，已经屡屡提及不同级别——有月线级别，还有同期同阶段走势的周线级别，又或者周线与其同期的日线级别之间，在二者的走势中，究竟具有怎样的力道演变特征？又或者换个提问方式：单一级别与多重级别走势中的力道演变，具有怎样的演变特征呢？欲寻答案，且看下文分解。

二、单一级别到多重级别走势和力道的演变特征解析

按照走势规律特性，单一级别走势中总是具有完整完成任意一个走势类型的规律特性。基于此，我们将走势与力道演变情况结合起来观察研究发现，单一级别走势中各阶段力道演变特征往往十分典型，具有较好的指导价值。在前面几节的案例探讨和分解中，无论大盘，还是个股，

无论上涨，还是下跌，如果力道演变规律特征会在月线、周线级别中体现出来，那么，这种规律特性同样会出现在其他任何级别和其他任何品种之中。也就是说，这是不分大盘或者个股，大级别或者小级别的，皆是如此。

用句玩笑话讲，即"神的级别是如此，人的级别是如此，猪的级别亦是如此"。由神到人、到猪，虽然层级不同，但走势和力道演变规律一定是相似的。

既然单一级别中的走势和力道结合具有某种规律特性，能够指引当前级别操作。那么，任意级别也都适应这样的规律特性。也就是说，当我们知道了单一层级走势中的力道演变规律以及走势结构的构造规律之后，我们就可以说，这样的特征规律同样会类同性地出现在任何级别的走势中。区别仅在于，因为所属的走势分类不同，从而力道演变规律特点具体表现也会有所不同。换句话说，力道演变规律将具有分类特性，我们前面讨论的是某种典型的分类特征，已经具有指引操作的价值。至于非典型的情况，我们认为也具有相似的效果的。所以，缘于走势和力道演变分类情况的存在，即使不是典型特征，但最终给出的结论会是相同的。只是实际运用时，需要灵活对待，要根据实际情况决定。

尽管如此，我们还是要对这样的问题，也是最令人感到困惑的问题，即各层级之间所存在的关联特性和相互影响的客观事实展开探讨。当然，我们这里是在探讨各级别走势之间所存在的力道演变规律特性。用一个形象的比喻说，即神与人、与猪虽然各自处于不同的层级和运作系统中，但即使如此，彼此之间也会出现关联、产生关联。至于彼此之间为何产生关联、怎样关联，又具有怎样的规律特性？这是我们接下来要重点讨论的问题所在。

为了方便理解，我们加入天体物理学知识进行解析。众所周知，在太阳系中有九大行星，各行星不仅自转，而且都绕着太阳在各自所处的轨道上公转，并且彼此之间还会互相影响、互施作用力。按照牛顿定律所讲，各行星之间还存在相互作用力的关系。与之类同，在股市走势运作系统的不同周期级别中，也存在以上九大行星各自自转又公转的规律，并且各级别之间还会互相作用与相互影响。在这些走势特征中，我们还将重点讨论各级别走势中主次或大小级别之间所存在的力道演变特征规律。

至于对这些规律特性的寻找发现、探讨提炼，掌握并运用，是我们要进行的工作。

（一）九大行星自转与公转规律的启示

1. 九大行星运转特征规律

（1）各大行星会根据自身所处的层级，完成自转与公转的周期性规律。

（2）质量越大的行星引力越大，因此会对其距离较近的质量较小的行星产生较大影响，二者之间还会出现相互作用力，至于怎样影响、影响程度怎样？牛顿毕生都在研究此问题。

（3）相邻大小行星之间形成"九星连珠"等现象，就是所谓的各层级共振现象。

2. 启示

第一，在任何级别中的走势终将完整完成。同样，量能、量价演变关系特征将与走势相关联、保持一致性，并由此构造出股市力道演变规律。并且，任意级别力道演变规律，将成为其典型规律特性，具有普遍代表性，适合于任意级别之中。

第二，任何级别中的走势或力道演变规律都具有相关性，区别在于时间和空间参数大小的不同而已。

第三，大级别走势与力道的演变，总会影响或带动次小级别走势与力道的演变的特征。

第四，大级别走势与次小级别走势会形成共振，力道演变规律特性上具有类同性，也会有共振的特性。

说到此处，其实很明显，非常有必要讨论走势与力道之间所存在的关系。具体详见后面的介绍，此处暂时不表。

3. 需要重点探讨的几个问题

（1）主次大小级别之间在走势和力道演变上具有怎样的关联性？又具

体存在怎样的规律特性？这里面包括大级别是怎样影响小级别走势与力道演变规律的？小级别又如何反过来影响大级别的？

在回答该问题之前，我们先要理顺以下几个观点：

观点一，主级别走势所能维持时间空间的长短大小，是由某性质力道大小强弱而决定。力道越大，维持走势的时间级别和空间级别越大；反之，则越小。在实际中，跟踪研判走势是否完整并发生转折，关键即看背离与否。如果主级别走势力道性质已经被确定，那么，次小级别走势中会出现几次分力破坏而形成的走势段，对此情形我们称为破坏段。当次级别破坏段出现两次或超过两次时，会造成大级别走势发生转折和出现拐点。这里提及了所谓主级别的背离，其实背离是不分大级别或是小级别的，因为背离会发生和出现在任何级别中。而这里之所以提及级别大小之差别，实际上是由跟踪某性质力道所能持续时间空间值的大小情况而决定的。

在实际运用中，我们会观察力道演变的特点，尤其重点观察力道出现衰竭时的变化特征。由此还发现了一个现象，即在越大级别中，有观察到发生力道的衰竭现象，一直持续到走势拐点的出现，我们跟踪观察所需要的时间越长、股价空间占用幅度往往越大。而越小级别中，对应的时间或空间反之越小。当然，若从走势层面分析话，任意级别中的走势趋于完整完成时，实际上是其发生了背离所致。只是，当越大级别发生背离时，证明后市走势将按照新的主导性质力道来主导和决定。而按照规律性之使然，新的走势也终将完整完成。而与此同时，回到其次小级别走势之中可以观察到，会出现许多次分力临时主导走势的情况。也就是说，多次出现破坏走势段的情形。当然，我们事后回顾发现，这其实是临时破坏段的出现而造成的。同样的，我们实际之中要跟踪观察此分力能够形成多大级别与多大程度的破坏走势段。

前面曾提到过，走势级别大小，无论是主要走势段，还是临时破坏段，其对应的时间空间级别大小，均是由主导之力的量能大小所决定的。对于研判方法，最直接实用的无非还是背离理论。有背离的话，采取行动，没有的话，继续观察和等待。

至于次级别走势中是出现二次、三次，甚至四次，乃至更多次由分力构造破坏走势的情况，又该如何作解？——这不过是说明，合力分力二者博弈有多么的激烈，同时也说明原主导走势性质之力道的能量有多么的强大，即使受到分力多次构造破坏段出现的情况，但最终其还是会完整构造出走势。究竟该走势如何终结呢？则要依据市场实际情况而决定，但有一点却是毋庸置疑的，即次级别走势中出现的分力次数越多，那么，原主导走势性质之力道衰竭就越发明显，直到原性质力道主导走势真正衰竭时，主级别走势才会发生转折，并伴随出现拐点。

此外，我们通过对实际走势诸多案例提炼得出，一个走势完整完成时，其参考结构一般分为：A 段、B 段、C 段三段式，或者 1＋2＋3＋4＋5 的五段式，甚至九段式等几种主流或典型的走势类型与结构。在实际运用中，我们多数工作是观察各走势类型完整完成，然后等其发生走势的转折和变盘，最后采取行动。例如，其中三段式结构中的 B 段，或者其他结构中的偶数段，多为某主级别走势中的临时破坏段，它们也是由次级别走势中的分力所致。基于此情况，在事前若对此几种典型走势结构有所认识和掌握，对实际研判具有很强帮助作用，尤其是在将走势结构和力道分析结合起来话，那么就会加大我们准确研判走势转折的成功概率。

同时仍需要强调的是，此规律特征适合于任何级别。

观点二，由单一级别向多重级别走势中的力道演变规律的探讨，延伸到主次或大小的多重级别走势中各个级别力道演变的规律特征探讨，至少存在以下几个特点：一是次小级别出现至少一次或两次以上分力破坏（破坏股价原运作方向）后，才会递进到一个更大级别并发生走势的转折。实际中，以上是主导走势性质的力道衰竭所致（为递进规律具体体现）。二是次级别中破坏段出现的次数越多，也会越快消耗、对冲原主力力道的能量。三是大级别中主导走势的力道直至出现衰竭时，才彻底造成所有次小级别中的走势性质向相反的走势展开构造。随即，力道主导性质的方向朝反向切换，次小级别走势中的衰竭点都是临时的，其运作反方向持续时间和空间也是有限的。

观点三，量能、量价关系在主次大小级别中所存在的某种规律特性。根据前文对沪指大盘，或以个股万科A为例所进行的分解中，尤其是展开对其主次大小级别走势中的量能、量价关系变化特征的分析中，可以发现以下特征规律。当然，也要分作上涨或下跌两种不同性质趋势情况下展开说明。一是当确立主级别走势为上涨时，根据以往走势规律可知，在其次小级别中的走势结构上必然呈现出五段上升式的构造特征，由此可知，如在次小级别走势中，越到终结段构造及运作时，对应的量能在整体大致呈现两种典型特性的分类——或者突然出现天量，甚至2倍于以上走势段中出现量能放大的情况，然后在后市不久出现走势的拐点，又或者是在终结段完成时，又叫背离段完成时，整体上对比看，前面同性质走势段出现了与价格背离特征。即，股价股指上涨虽然创出新高，但量能未能同步创出新高的情形。对于这两个特点，在实际中或者只出现其中一种，又或者两个同时出现。当然，若只出现一种时，在与走势结合研判时，也多构成了强烈的确定性的结论。二是在得以确立主级别处于下跌走势时——仍然以讨论同期、同阶段的次级别下跌走势的终结段时，所对应的量能变化情况为例，会发现以下两种常见的分类特征：或者是在次级别终结段（背离段）出现时，量能缩至地量水平，明显远小于前期量能水平的一半甚至比这还要小；又或者是下跌时，终结段过程中曾出现过量价背离特征。即股价股指继续下跌创出新低，但量能却开始明显放大的情形。同样的，在实际运用中，这两种典型的变化特征，或者出现其一，又或者两者同时出现。无论以怎样的情形出现，都不影响我们所要得出的研判结论，尤其在走势上完整完成时会相对应的出现这种特征。

综合以上，针对问题（1），我们认为答案或许是这样的：

主（大）级别走势性质一旦确立后，在某性质（多头或空头）力道主导之下，走势开始在当前主级别中展开构造，直至构造终结完成。与此同时，在其同期、同阶段的次小级别走势中，必然出现多次临时破坏走势段，用以消耗和对冲掉原性质主导力道的能量。并且此情况一般会出现两次后，且再度出现第三次同性质走势（上升或下跌）时，则会完成一个主级别走势的转折。

由此可知，主导大级别走势力道将决定和影响次小级别走势方向，即使次小级别走势中出现破坏段，但暂时不会根本扭转走势，除非发生主级别走势的背离。还有，次小级别走势多次出现破坏段走势后，一般至少出现两次后，则符合量变到质变规律性，才会使原性质力道出现衰竭，大级别走势方才发生转折。

（2）主次大小级别之间走势的共振特征与力道演变关联的话，所引起的大小级别的力道特征的共振，具体又存在怎样的规律特性？

在回答此问题前，先要明白，所谓的大小级别走势共振是怎样一回事？在此处，无疑是指大级别走势与次级别走势同一时候形成相同方向的走势转折的情况，并且均发生在某一点位上，从此彻底扭转走势的方向。此问题探讨关键在于，共振发生之时，力道存在怎样的演变规律？

根据我们前面各节案例的解析，我们认为，主次级别走势的共振实质上还是大级别走势出现转折，说到根本上，无疑是原主导走势性质力道在主级别走势中完全衰竭所致。至于同期、同阶段的次小级别中会出现怎样的走势和力道演变特征？前面已做过分解，无非是次级别走势中完成至少 2~3 个（甚至超过 3 个）同向走势类型的出现，并且必然是完整完成其走势。还有，力道分析中的量能和量价出现某些典型变化特征。最后，经过系列量能积累，终至大级别走势发生衰竭，走势发生转折。

对此理解仍然可用九大行星运转规律进行解释。当九大行星运作至太阳某一边，或者处于一条直线上时，即出现所谓的"共振"现象，无非是大周期运作行星完成一个重要运转周期时，而刚好与已经多次完成运转小周期的行星发生共振所致。

根据行星不同周期运转情况，大小行星之间出现共振的情况也各自不同。往往是某个小行星在经过完成多次周期运转后，才会与完成一次运转周期的大行星形成共振的可能。而要完成九大行星形成"九星连珠"

的现象，则花费的时间更久。

回到市场力道规律分解上，直白说，次小级别走势中，原主导走势性质力道经过多次运作后，才会出现衰竭，同时，与大级别走势中某一走势段或走势类型形成共振。这里所指的共振无非是指次小级别中连续几个走势类型的完成，递进到大级别中，并致使大级别中一个走势类型的性质与方向发生转折。

（3）九大行星公转物体是太阳，太阳即所有行星的"内核"，它给予所有行星能量、温度与阳光，并对其他行星施加重大的引力，那么，股市各级别的走势或力道演变围绕的公转对象是什么？

关于问题（3），需要事先说明的是，原本有关走势规律的分析不是此处主要探讨的话题，但要解释清楚这个问题，我们需要提一下。在走势规律探讨中，曾有人提出，中枢结构即是股价围绕旋转运动的核心所在。而股价多空力道，无论哪一性质，当有能力脱离中枢范畴时，就会形成所谓的趋势结构。

由此可知，如果该走势规律具有普遍意义的话，那么它必将适合于任何品种、任何级别。如此说来，各级别走势中的"公转"对象，就是当前级别走势中出现的中枢结构。至于力道演变规律，也是围绕这个中枢结构展开所谓多空二力的持续博弈的，并且最终由胜利者主导未来的走势方向。

可问题在于，即使知道此点，那实用性和意义体现在哪里呢？地球绕太阳公转一周时间为365天，或12个月，或春夏秋冬四季，时间规律比较固定。可市场中走势和力道演变是否也存在某种规律性呢？也许从时间级别上看，难以发现某种固定的时间运转规律，但从走势结构规律上，却可探得一二——可以形象地将冬天到夏天运作周期，比作上涨走势段；反之，夏天到冬天运作周期比作下跌走势段，冬至和夏至分别是两边转折的拐点。于是，我们在对走势规律进行研究时发现，但凡确立走势发生转折后，在新的走势构造中，至少要出现两个中枢结构，中枢担当作为破坏当前走势形态的性质与功能——然后，我们才能观察到，当前主导走势某性质力道出现衰竭的现象，并且，随后走势随即发生转折、拐点出现。由走势互化的特点，我们了解到，一个走势的完成，立即向另一个相反性质的走势进行构造。同时，由此可知，原来"一个上升走势＋一个下跌走势"，才构造出一个完整的走势结构。此特点就像地球绕太阳公转一样，需要经历一轮寒暑交替，才完成一次公转。又或者像月亮绕地球公转一样，只有经历一轮一圆一缺的变化，才完成一个完整运转周期。又或者像地球自转一样，只有经历一阴一阳的白天黑夜的转化，才算完成一天 24 小时自转周期。受此启发，同样笔者认为，在一个所谓完整的走势中，必然也是经历"一轮涨＋一轮跌"（一阴一阳）的结构，才算作完成一个完整走势的。当然，实际中，由于国内股市交易规则的限制，我们只能在看多、做多时才可能取得收益。因此，从追求投资收益的角度和目的性出发，我们只能选择走势向上、由多头力道主导时的走势情况，才会积极参与。

由上讨论所得的启示有：

一是任何品种、任意级别走势中的完整结构总是由"一个上涨＋一个下跌"段构造而成。在实际运用中，我们总要做到精准地回避下跌走势，把握好上涨走势的机会，才是立于永远不败的投资之道。当然，如何把握才是其核心。对其把握方法无非是走势分解和力道分析二者相结合。基于篇幅有限，这里暂时不展开或者重复啰唆。

二是根据走势规律特性研究发现，次小级别中的走势结构，只有在连续出现两组"上涨＋下跌"（此时主级别走势为下跌时）结构，或者"下跌＋上涨"（主级别走势为上涨时）结构时，才会递进到主级别，使主级别走势发生转折、出现拐点。简单地说，当一个主级别走势要完整完成时，在其次小级别走势中，必然要先完成两组"升＋降"的走势结构。而此时观察对应走势各阶段的力道演变规律可发现，主导力道的衰竭总是在最后一次进行升或降的走势时出现。与此同时，还会出现大小级别走势的共振，并且主级别的走势终将发生转折。

如果将这种升降走势组合结构放到越发微小级别中观察，如分时走势图，或者更细微的级别中观察，则会发现，这种升降组合结构实质是波动状态。当某种性质力道明显占优势时，走势会朝着胜利者主导的方向运动。但是，即便如此，这种升降组合结构仍将存在，不过形态往往会因为主导力道大小不同而出现差异。例如，当力道为强势多头（或强势空头）主导时，次小级别走势中的升降组合结构则会严重得不对称。又如，上涨走势的空间大小和时间长短，总是远大于下跌走势时的情形。当强势空头主导走势时，则完全相反。当多空力道处于均衡时，升降走势在空间和时间上基本处于均衡状态。

通过这几种粗略的分类，已经显示出走势的复杂性和股市的难以预测性。可熟悉和识别所有曾经见过的走势类型，成为我们实际运用的关键。当然最为复杂的是，一个较大级别的走势不知道会包含多少个次小级别的升降走势组合构造，才能够完整完成一个大级别走势类型。这也是类同于，我们总是无法精准预判升降空间大小和结构情况一样，对此，是永远无法提前知道的。

三是在越大级别中的升降走势，实际上是微小级别走势中的放大版本。基于完成一个较大级别的升降走势结构所需要的时间或空间都是相应的成正比放大特征，所以，我们实际运用中，对应的所花等待时间空间也随同与之成正比地放大和延长。

综合以上，针对问题（3），我们认为，从走势与力道结合分析可知，在任何品种、任意级别走势中，一旦确立由某种性质力主导之下，并且同时确定了该性质力的主导方向后，后市即按照升降组合结构，围绕该性质力主导的走势段做层级振荡特征。这也是问题中所描述的围绕之公转的"内核"所在。而且，同时与之相匹配的力道演变特征一般会按照"一而再，再而衰，三而竭"的规律，完成某性质力道的主导运作，直至其发生走势转折、出现拐点为止。

如果一个次小级别按照某性质主导力的运动方向连续完成 2~3 个类似升降组合结构的话，那么，它就会递进到一个较大级别走势中，致使该较大级别走势发生转折、出现拐点。

以此类推，这种情形还会逐渐递归到更大级别的走势中。而且，不同级别走势分解和力道分析决定了我们的操作风格。等待时间和占用空间都会随着级别定位的变大而变大，或者变小而变小。

任何级别走势中，一旦确立了某性质方向的一个走势段，此后就会出现至少两到三组升降组合结构，围绕该段做类似公转运动的话，我们称为层级振荡特征。待到三组同级别升降结构的构造结束，此时定然也是主导该走势性质力道出现衰竭，然后形成大级别走势的共振，亦即造成走势的转折和拐点出现。

4. 单一级别到多重级别走势中的力道演变规律特征小结

在讨论完以上三个问题后，如果将答案做系统梳理和归纳的话，可简单概括为以下观点：在某性质力道确立主导某主级别未来走势方向后，接下来，在其次小级别走势中，将会出现至少两到三组升降（主级别为下跌趋势时）或降升（主级别为上升趋势时）的走势结构，待其完成后，才会出现与主级别走势共振的现象，主级别走势终将发生转折。与此同时，必然意味着某性质的主导力道最终衰竭。以上结论具体还可以反过来印证出几个特点：

一是主级别走势性质多数时候决定了次级别走势的方向；

二是次小级别走势存在向主大级别呈现递归的特征，当两者走势发生重叠和共振时，终将致使大级别走势发生转折；

三是次级别走势，具体指升降组合结构总围绕主级别走势段进行"公转"，我们称为层级振荡，往往在超过两次后出现主导力道衰竭，走势方会发生转折现象。

（二）单一级别与多重级别之间力道演变规律的本质

从本质上说，力道对走势的主导与影响情况，具体可在时间、空间二维度上所展开的走势构造规律，与量能、量价关系演变特征中得以体现。那么，在股市力道博弈（指分力和合力博弈）中，各自力道的大小、强弱的变化，则决定和影响了多重走势级别之间所存在的某些走势规律特性，自然包括了力道演变规律特征。

同时基于每一笔交易的背后，均是合力分力之力道博弈所形成的结果，继而完成了所谓正式交易。那么，根据该股主导走势性质的力道，由其大小强弱主导和影响走势最终结构，以及对应的时间空间参数值的大小情况而定。

对此，我们将力道强弱大小按照几种典型情况作了分类，然后列示出来，仅供参考：

当力道处于极强（无论多头或空头）时，形成较大级别的走势结构，持续时间空间均随之成正比放大延长特性；

当力道处于较强时，形成一般级别的走势结构；

当力道处于一般时，形成较小级别态势的结构；

当力道处于弱势时，说明主导走势力量已经向相反性质转变，那么走势方向也会反向运作，也会出现上面三种分类的情况。

但是，无论如何，以上哪一种情形不管能出现在多大级别之中，万变不离其宗，都终将会根据力道演变规律特征，构造出某级别走势的形态与走势结构。

（三）对实际操作的启示

我们先由单一级别走势中的力道演变规律的讨论，推进到多重级别之中，尤其是相邻大小级别走势中的力道演变规律的讨论。据此，回到实际运用中，可以得到以下启示：

基于 A 股交易规则限制，我们只能通过在做多的市场环境下，获得投资利润。所以，在实际运用之中，对于跟踪研判和能否准确把握到多头力道主导下的市场环境及机会，成为投资取胜获利的首要所在。

当然，即使研判和把握对了大势，接下来，还能抓住更加适合于操作的具体标的，落实至具体买卖之处。可是从数千只个股中选出最好的操作标的，无疑是取得更大收益的关键要素之一。一般来讲，资金流向最为实际和直接，而我们这里更讲究力道分析，即通过对板块或个股力道分析，找出最佳操作标的，也是最佳、最大化的获胜之道。量能选股不失为一种较好的方法之一。

除了以上两点较为宏观上的启示之外，如果关联到更为实际的操作层面，还有以下启示，即通过学习以上内容，既然知道了次小级别存在这样的力道演变特征，再结合走势规律结合研判的话，无疑能够加大对走势研判的精准性。毕竟决定走势真假和体现出庄家真实意图的，多是成交量要素的变化情况。而我们更能够通过股市力道分析法寻找到主力意图的真假，对走势做出更为准确研判。又基于这种力道分析法普遍适用于任何级别，包括了超大级别或者较小级别。此处重点提及极小级别，因为我们如果将分析和交易定位到较小级别，那么，无疑可以将操作做到更为精细化的程度。例如，当我们将其利用到能够适用于 T+0 交易规则的期货或者其他市场上时，则可以将其运用到分时图或者分钟图——这种较小级别走势中。

当我们在进行期货某品种的交易时，出于交易规则和交易习惯的使然，我们会将观察和交易级别放到非常小的层级中。按照前面讨论规律，当我们观察到，在一个 1 分钟级别走势中，假如已经连续出现了三个同性质的升降组合的结构，同时对应的量能、量价发生某种典型分类特征时，据此可研判走势即将完整完成，随时会发生转折（1 分钟级别走势涨跌方向切换较快）的可能，此时递归到 5 分钟走势级别上则会看到，一个 5 分钟级别的走势段将完成，面临转折，出现拐点。此时对应操作上，可做买或卖的动作。当然，这里要通过事前测算，清楚期货某标的中的一个 5 分钟级别走势所占用的空间幅度能否覆盖交易成本，并产生较合适可观的利润？如果覆盖不了交易成本，没有什么利润，那么这笔交易就是无效的，只能在理论上得以成立而已。这是很典型的由单一级别运用到多重级别走势的运用描述。

可是，假如一个 1 分钟级别走势中的空间无法构成有效交易时，无疑要将其运用到较大级别中使用了。这样的话，又会有新的问题出现。在以往有关级别理论的讨论中了解到，越是较大级别走势的研判，无论是力道分析还是走势分解，哪怕将二者结合起来，都无法从当前级别走势中得到精准的研判结论。级别越大，这种难度越大。之所以如此，其根源在于一句话：任何当下所在的主体（参与者），总是无法从当前状态中寻找到想要的答案。此句用到这里，即为当前级别是无法在当下看到走势转折的征兆和预判拐点出现的，但弥补的办法只有一个。只能从较小级别走势中展开研判，这就好比将一个宏观上的买卖点放大了看，通过提前看其细节变化寻找蛛丝马迹，找到大级别走势转折拐点。此外，我们此前在走势规律研究中也曾提及过，越大级别走势拐点的出现，往往存在较大误差性。而这种误差往往会造成较大差距，少则几个指数点，多则几十个点的幅度。试问，如果存在这种误差性的话，而且差距如此之大，那么，在以依赖差价交易才能形成利润的投资活动中，这种误差无疑是不可以容忍的，根本就是错误的投资。因此，将小级别和大级别走势规律与力道演变规律结合分析方法是很有必要的，具体实际运用案例，详见后面内容解析。

第四节
走势与力道结合必要性及关系探讨

一、两者结合的必要性

我们在讨论股市力道分析时，总是无法回避要提及走势分析。正如前面已经提及的观点，力道与走势两者之间存在某种关联性，并且将两者结合分析、分解时，能够在很大程度上辅助我们对市场大盘或个股走势进行更为精准的研判。尤其是对走势趋于完整完成，即将发生转折、出现拐点时，无论是走势的纯理性逻辑推导或分解，还是力道演变特征规律提示等参考，都是不可少的。

如果我们仅从走势分析、分解，并且通过对过往历史走势规律中寻找和研判走势何时何点位发生转折并出现拐点，很显然，这是不够的。

因为此后结果往往会告诉我们，仅看走势分解推导研判，并不能精准告诉我们相对准确答案。同样，如果失去了分析的载体，即走势形态的话，那么，任何所谓的以量能、量价关系为基础的力道分析将变得毫无意义。这就像遥远的过去，在没有发明 K 线走势图时，我们只能听到成交量或金额情况，却无从知晓价格走势方向，因而难以知晓投资胜负盈亏情况，至少还得花很多时间进行烦琐的统计。

基于此，我们认为，将走势形态和力道结合起来分析是十分有必要的，尤其在技术分析这一领域内。说回到根本上，走势和力道，无非源于技术分析中的四个基础要素，即价和量的关系，还有两者在时空二维中的具体表现的情况。

二、两者之间关系的简述

其实讨论力道和走势结合分析之必要性，实质是讨论两者之间的关系。那么，走势和力道两者之间究竟具有怎样的关系呢？

走势和形态，顾名思义，具有具体表现形态，是可见的。可究竟是什么原因构造走势和形态呢？背后答案是力道所致，即力才是走势和形态构造出现之根源所在。因此，走势和形态是力表现的载体，力道可分为做多的多头力道和做空的空头力道。两者在持续博弈之间构造出各种走势和形态。

由此描述，令我们想起中医学中有关气与血的关系的描述，详见下文：
《素问·调经论》中有云："人之所有者，血与气耳。"

即说明气与血在人体生命活动中占有重要的地位。这等同于走势和力道，在技术分析，对走势转折和研判中具有重要作用。

同时，该书还讲述道："气属阳，无形主动，主温煦；血属阴，有形主静，主濡养。"

这是气与血在属性和生理功能上的区别。但两者又都主要源于脾胃化生的水谷精微，在生理上相辅相成、相互依存、相互共生，共同维系并促进生命活动。同样，走势和力道也是存在类似的关系，力道是无形的，但它都化作为具体的走势和形态了，由力道之动，最终构成形态之静。两者同样是相辅相成、相互依存、相互共生的关系，共同维系并促进股市股价的涨跌运动。

此外，所以元代的滑寿在《难经本义》中说："气中有血，血中有气，气与血不可须臾相离，乃阴阳互根，自然之理也。"

中医学最终将气与血之间的这种关系概括为"气为血之帅，血为气之母"。

"气为血之帅"，包括了气能生血、行血、摄血三个方面。气能生血，是指气参与并促进血液的生成。气能行血，是指气的推动作用是血液运行的动力。气能摄血，是指气具有统摄血液在脉管中运行，防止其逸出脉外的功能。那么，所谓"血为气之母"是指，血对气的作用，主要包括血能养气和血能载气两个方面。血能养气，是指血液可以充养人体之气，使气保持旺盛。而血能载气，是指气依附于血中，依赖血之运载而布达全身。

基于两者关系之形象描述，更是形象且深刻地描述了力道与走势之间的关系：力道为走势之帅，走势为力道之母（载体）。力道推动走势运行，产生出了具体走势形态，而走势又为分析市场形势和方向提供了基础载体。

对于力道和走势两者之间的关系，我们除了用气与血两者关系进行类同性分解之外，其实还有句古话，是从另一个层面非常形象地向我们描述了两者之间的关系，即毛与皮之间的关系。古语有云：皮之不存，毛将焉附？直白解说，在实际运用之中，无论是少了量能、量价结合为主的股市力道演变规律分析，还是少了走势规律的分解分析，都是不可取的，因为两者都很重要，它们在实际运用中的重要性就像皮与毛的关系，缺一不可，哪一个都不能少。

说到最后，我们必须再次强调，走势和力道结合分析才是完整的技术分析之法，两者相互依存，缺一不可。

第五章 >>>

量价分类分析功能概述

概要

关于量价分类分析的功能和意义，将从三个方面着手并展开说明：一是从量价关系切入，探寻量价结合分析功能和意义；二是从传统量价分析功能进行切入，探寻其功能和意义；三是回归本主题，直接从量价分类分析的功能展开之。

一、从量价关系切入确立量价分析功能和意义

关于量和价之间的关系，在前面的章节中，我们已经有过详细的讨论。虽然从经典量价关系看，已经存在几种说法，但是，我们认为，量价关系类似"气血"关系，与互相影响及作用的关系，是较为令人中肯和容易接受的。

只要我们一旦有了认识上的统一，那么，对于由量价关系这个点所切入的，确立量价分析功能和意义，也就随之变得清晰明了。

量价的"气血"关系又或者互相影响和作用的关系提醒我们，由价格构成的走势或者形态，会引起成交量的变化；反之，成交量的变化，增大或缩小等，反过来也会影响价格走势或者形态构造。

受此启发，我们认为，量价结合分析功能和意义在于：

一是在走势面临关键转折，无论是由涨向跌转折，还是由下跌向上涨转变之时，将走势和成交量的变化情况结合起来观察，可以得到更为准确的研判结论。至少成交量作为验证走势是否完整完成，具有关键验证和评判作用。

二是在构造某性质趋势中途，无论是上涨趋势，还是下跌趋势的构造途中，通过结合成交量演变，决定我们在上涨中途是否应该继续持股，或者下跌中途坚定看空等待。换句话说，通过量价互相影响和作用关系，能够识别上涨或者下跌中途多空二力博弈的强度，从而做出准确的操作策略。

三是通过量价的"气血"关系，可以了解到市场当前的多空情绪和氛围，从而诊断行情运行脉络，由此决定大势运作所处的阶段，使我们做到心中有数，而非盲目跟随市场过度狂热，又或者过度悲观，从而错失更多投资机会或者回避风险。

四是在专门针对短线交易，甚至日内交易风格运用时，根据量价关系的启示，同样也具有一些作用，例如利用盘中盘口和即时成交量的演变情况决定当下操作策略。甚至还可以透析当前标的主力资金短线意图，从而实现跟庄的目的。

二、从传统量价结合分析切入确立其功能和意义

开始之前，我们先解释何为传统量价分析法？

于笔者而言，所谓传统量价分析法，实际可理解为，走势形态与成交量结合所呈现出的典型或经典的一面，而这种经典或典型的情况，往往具有大概率指引判断和操作策略建议。具体而言，传统量价结合分析至少具有以下一些功能或意义。

（1）用以预判走势方向、力度和时机，判读趋势是否反转。

（2）验证走势或者形态是否可靠？

（3）为短线交易必备参考工具，尤其是在 T+0 交易市场和品种中，量价结合分析更是如此，包括操作涨停板个股方法使用也是如此。

（4）搜寻黑马和捷径，探寻主力操盘手法。

（5）量价结合一切分析法皆通用于大盘和任何个股。

三、量价分类分析功能和意义

何谓量价结合分类分析？前面我们已经做过详细交代，这里不再重复赘述。

走势分类特性，结合成交量要素，也存在分类特性。走势完成与否，据分类特性而言，并非由所谓经典的走势或形态决定，也非由经典的量价结合特征决定，而是由走势节奏、走势结构、大盘所处的多空状态，与量价结合时表现出来的综合信息所共同决定。即使如此，量价结合分类分析还是为研判走势未来方向，趋势是否完整完成构造，是否会发生走势转折，提供了较为客观理性的研判依据。在这一点上，分类分析法貌似更能完整、系统、精确识别出走势状况，直接指引指导当下的操作和决策。

我们已经知道了，不仅走势是分类的，结合成交量要素也存在分类特征，其实，级别也是分类的。

大、中、小三个不同层次的级别，往往决定了交易风格，是长线，还是中线、短线，甚至是日内交易风格的定位。而量价分类分析又同样适用于所有级别，并且判断方法是相似的。于是，继走势和量能结合得出存在分类特性后，再将其与级别结合时，至少得出以下几点功能：

（1）精确验证走势完整性情况。

（2）对走势强弱情况进行精准识别，决策买卖系统与操作行为。例如，在同一时候，我们观察不同品种，会出现完全不同的市场情况，有的放量，有的缩量，虽然后市同样都出现调整，但由于量能强弱情况不同，最终使走势走向也会有所不同，甚至最后出现完全相反的结果。

（3）在走势转折的拐点处，无论涨跌起点，都存在如何用量价分类系统研判的作用。或在中途，即主升段或者主跌段阶段，基于对应量能表现各有差异不同，于是由此决定趋势运作或构造情况不同，从而决定实际操作策略和对策调整。

（4）"世上没有两片完全一样的叶子"，分类系统原理极好地解释了这一哲理。当然，解释不是目的，如何准确运用并运用好它才是最高目标。

说到根本上，传统量价结合分析与量价分类分析区别在于，传统强调于经典情况之下对未来走势的预判，而量价结合的分类分析法则同时包括了经典和非经典两大类型。插句题外话，在"非典"未出现之前，我们的认识只停留在典型肺炎会致人死亡，但忽视了还有许多未被发现的非典型肺炎的危害性，直到"非典"出现后，大家传统的认识和理解也被颠覆了。同样，在股市系统中，将量价结合时，存在某种分类分析特征，这就提示我们，经典情形会得出较大概率的研判结论，但非经典情形也会得出较大概率研判结论。

经典形态与非经典形态之间具有某种共通性，但往往许多人"死于"对这一点的不理解上，终于造成现实投资以失败告终。

第六章 >>>

量价解密主力运作规律

概要

多数人会选择相信，市场中但凡出现重大变化，譬如股市股价突然开始大幅度上涨，或者大幅下跌时，则将此情况归咎于所谓主力进出所致。事实的真相果真如此吗？市场果真都被所谓主力操纵吗？接下来，我们将探究一下这个问题，试图寻找所谓市场演变真相。

第一节
谁是精明主力玩家

一、谁是"庄家"

无论是在传统的量能分析或量价分析中，还是在当下我们这量价分类分析法之中，均无法回避一个问题：都是为了通过某种分析方法，试图找寻到主力行为的规律，以此加深我们对市场涨跌变化的理解，从而对股市中"只闻其名、未见其人"的所谓"庄家"，又或者主力的行为，做到精准的了解和掌握，最终，为我们提供正确应对所谓主力的操作手法，制定操作策略和应对策略。

当然，假如市场中真的存在所谓"庄家"或者主力的话，又或者，真有所谓某种主力做盘手法的话，并且又十分幸运地被我们掌握了，那么，应付庄家甚至战胜庄家，还是可能的。只可惜市场中有无庄家？这是无法解释清楚的问题。甚至连"股神"巴菲特的老师本杰明·格雷厄姆都不太确定，市场中会有如此神秘的角色存在。为此，他用"市场先生"代替对市场中这类角色的猜测和定义。

假如市场对这种角色的猜测是真实存在的话，那么，对于量能、量价分析，又或者提出的量价分类分析，或许可以做出某种解说。至少，股市量价分类分析与主力行为之间有怎样的关系，是值得去做一探讨和研究，并了解和掌握。

若要搞清楚这个问题，先应做个假设，假定市场中有某个玩家，总能够踩准市场涨跌节奏，精准进出于市场。试问，他们是如何做到的呢？

一种可能是，市场涨跌节奏是由该名玩家自己人为制造出来的，所以，他操纵了某个股涨跌方向，每一次走势转折拐点都是由他所控制；另一种可能是，该玩家只不过是掌握了市场演变规律，并且严格遵循和依照该走势规律的提示，在该买进时做了买进，在该卖出时完成卖出——仅此而已便成为市场优秀的玩家，常胜不败。

除这两种外，或许还有运气成分所导致的情况，在好运陪伴下总是能够取得投资成功。但这种情况不构成理性分析原则，更不符合我们积极主动探索和寻找市场规律的精神，所以我们不提倡。

对于第一种可能，无疑是认同市场有所谓庄家或者主力存在的。可是，现实中却又难以找寻得到，而且对其操纵手法讳莫如深，再加上法律和道德的规定与限制，我们也不提倡，更不打算深究。于是，只剩下第二种情况，是唯一值得我们提倡、重视和深究的。

基于此，我们将准确认识和掌握了市场量价演变规律特性的参与者，统称为玩家，无论资金大小，但凡得此投资之道者，均可以称为市场优秀的玩家。根据上面所说，这样优秀的玩家，不过是弄懂和掌握了市场规律，并且严格遵循和依照这种走势及量能的演变规律，进行买进卖出运作的。

至此，估计有些人不禁要问了，这样的走势规律究竟是怎样的呢？又存在怎样的特点呢？如果从技术层面出发，围绕股价走势和成交量二要素，会表现出怎样的变化特征规律呢？尤其是出现某些非常典型的特征呢？

此处还可以解释市场中总不乏某些"老鬼"、行家投资常胜不败的原因。他们定然是掌握了这一规律特征，也会利用这点跟随着所谓玩家进出于市场，玩家吃块肉，他们跟着喝口汤。

如果这种所谓走势规律特性如此神奇和强大的话，那么，它们在量能上的变化，及其与走势结合时所表现出来的规律特性又是怎样的呢？这是本书所要做出的重点探讨的话题。对于前者，指成交量的演变规律，是本书中重点讲解的；后者，指股价走势演变规律，在笔者其他著作中已经有详解揭示，本书不再重复表述了。

即便如此，但有一点仍需要特别说明的是，某些市场参与者并不认为市场存在某种规律特性，或者是并未发现和找到这种规律特性——这样的人是绝大多数人，并且主要分为以下几种：一种是过度自负（实际上是无自知之明）；另一种是过度无知（犹如市场中可怜的肉羊）；还有一种是无能（无法做到知行合一，属于语言的巨人、行动的矮子）。那么，这几种分类型的人，各自表现又会怎样呢？

自负的人，总想战胜市场，总以为自己能够战胜市场。岂知，市场连那些高手玩家都无法彻底战胜，即使他们战胜了，也只不过是在做顺势而为之事。假如对此点无自知之明，对自己无自知之明，失败是可想而知的。对市场无知的人，基本上对市场的认识和理解都是错误的——无论是基本面分析那一套，还是技术面分析那一套，又或者资金面、政策面分析那一套，都是无知而又主观盲目的。所以，市场因为这种人广泛的存在，悲剧时时上演。最后一种，是无能力之人（这绝对不是贬义词，而是一种人性角度客观的分类，更绝无歧视之意），或许这类人能够了解一点以上各个方面的分析与逻辑法，但多半人源于缺少实践练习，因此，在面对市场变化时，尤其关键时刻，总忘记方法论的指引，而被情绪和人性弱点所左右。长期如此，其最终结果自然是不难得知的。

正是基于以上三类人广泛存在，有时候三种情况同时重叠出现在人的身上，加上他们缺乏对市场客观规律的认识和理解，所以总以为自己能够战胜市场——注意了，我们前面说的是战胜庄家，不是市场，此处说的是市场，其实他们无法战胜，即使战胜了，但也不是真正意义上的战胜，只不过是凑巧跟随和遵循了市场规律而已。因为我们始终并坚持认为，如果对市场没有做到客观准确的认识和理解，没有对自己做到准确的认识和了解，那么终究是难以取得好的结果的。

为什么用玩家这个称谓好过于庄家呢？

用玩家称谓比用庄家好，是因为庄家听起来很负面或者很被动，犹如赌场幕后神秘老板，或者赌场负责发牌的荷官那样的角色，代理庄家被动做些事情。但是，众所周知，庄家总是要耍些手段，在赌场内动动手脚，才能赢钱的。所以，庄家名声不好、较为负面。

基于庄家声名狼藉，所以，代入到股市里，也是不讨好的。股市里的庄家，一定是要处处时时在市场中折腾的，总是将某某事件与赢利关联挂钩的，因此负面形象更加典型和明显。每当市场出现异动，大家就会说，一定是庄家在搞鬼。可是这个庄家是谁？在哪里，又无从知道。当然，市场中不乏一些人以为，庄家是指那些拥有大额资金的投资主体。可事实证实，资金大的主体不一定能够总是赢得投资成功。

既然资金大的也不是庄家，那么究竟谁会是庄家呢？或者庄家这个称谓对总是成功投资者的描述还不够准确。因此，庄家不适合我们这里的表述。反之，玩家这个称谓更符合我们所想表达的本意。

说回到本节探讨的主题——如果我们未能准确认识理解市场变化规律：譬如量能变化、量价变化等规律；又或者，当下我们正在展开讨论的关于股市量价分类分析变化的规律——那么，我们又如何能够战胜市场中精明的玩家呢？答案是非常清楚的，如果没有运气相伴，一定是难以战胜的。

所以，只有认识股市量价分类分析之法，也许能够在某种程度上了解和熟悉精明玩家做盘手法，亦即掌握主力操盘行为的规律特征。然后，通过对这些特征理解和掌握，从而指引我们当下的操作行为。至于，股市量价分类分析法如何揭示精明主力玩家的行为特征与规律的？欲知详情，请继续关注后面内容与介绍。

二、玩家特征的分类说明

前面已经说过了，正基于市场中总是广泛存在着，对市场走势规律，还有量能、量价变化规律，以及对其他相关变化规律缺乏认识之人，所以，许多人总是处于盲目的投资情形之下，并且缺少对自我与人性弱点的了解和认识。

如果这是市场绝大部分参与者共同存在的问题的话，那么，市场中所谓的主力或者玩家，是否也具有这种共通特点呢？

这里要先弄清楚，要怎样才能算得上主力、算得上精明玩家？试问"国家队"是否算得上精明主力玩家？答案因人而异。但自从2015年6月中旬股灾发生以后，我们回顾"国家队"投资绩效情况，似乎他们并未成为非常成功的"主力"。那么，公募基金是市场中存在的主力吗？毕竟近百家基金公司合计掌握的投资资金高达数万亿元之多，并且不乏个别公募基金公司掌握的投资规模高达上千亿元之多。可同样从投资绩效看，似乎能够算得上出色的基金和产品寥寥无几。至今大家都在追忆当年的掌管华夏大盘、创造几十倍收益的王亚伟——可王亚伟如今早已转投私募投资。诸多优秀基金经理公转私的现象，暴露了公募基金行业存在的问题。像王亚伟这样优秀的基金经理为数不多，产品净值表现得如此出色的人也是凤毛麟角。那么，其他绝大多数的基金经理表现又怎样呢？

综观整个市场中的基金经理人群，发现在市场投资环境好时，或许部分基金产品会有较好表现，但在市场投资环境较为恶劣时，能够逆势表现的产品就寥寥无几。大部分人业绩好坏归咎于整个大的市场环境，有种靠天吃饭的意思。

为何有时候手握海量现金的基金经理们，却仍旧无法取得较好的投资业绩呢？原因众说纷纭，有的说，是受制于种种诱惑，市场中的坑和陷阱太多而造成的；有的说，源于制度的种种束缚和限制造成的；有的怪罪于市场不成熟，是投机倒把成风所造成的。

也许A股市场确实存在这种现象和弊端，但深入思考下去，尤其是当我们意识到市场是博弈的场所时，许多理由和借口就变得渺小了，而对应如何提高自己投资绩效的方法的思考提上了日程。

讨论至此，有一点我们较为清楚了，即公募基金似乎也未能有效充当市场中的优秀的主力玩家。

接下来，就剩下私募基金和各地方活跃游资了。或许这些机构里真的存在所谓的主力。因为这些人其间不乏有些出色的人，但前提是要完全做到不"弄虚作假"，那才叫人信服！徐翔大侠，不就如此？曾一度创造令各方市场人士吃惊的投资业绩，但其案发后的真相告诉我们，其辉煌业绩背后仍然存在着利益输送、内幕消息、操纵股价等弄虚作假的手法。

有人还会提及海外投资机构与人士，但他们在海外投资情况，我们难以考证。如果涉足A股的话，又基于国内市场只是一个局部开放市场，所以，外资机构进入国内市场的额度始终有限，当然，相对于一般投资者而言，也足够大。不过回看他们在A股投资绩效情况，很多外国投资人士做得并不好。不乏部分人士纷纷发表观点，说看不懂A股。我们揣测背后的原因和真相，或许缘于投资绩效不见起色所致。如此说来，众多海外投资机构也不是市场中所谓的主力吧。

综合以上，试问市场中是否真的存在主力？我们至少先得否定一点，并且结合以上提及的所有参考对象的最终投资绩效评定的话，这些即使拥有较大规模资金的"国家队"（含社保、保险基金等），公募、私募，外资及各地活跃游资等，如果未能取得长期有效的投资业绩，那他就还不能算得上市场中的主力，更不能算得上出色的玩家，其身份仍然只是市场中某一类的参与者而已。

通过以上对市场参与者分类情况的讨论，我们至少得出一个结论，也给市场中所谓的主力或玩家们做了一个大概的定义，形象地说，是给他们画出了一张相对清晰的图像。

回顾以上的讨论，我们认为，要想成为出色的玩家，至少应该具备以下几个条件：

首先，已经具有较大规模资金的条件，这无疑是首选。其实这也是诸多投资者，尤其散户、中大户等无法实现的条件。基于成为主力玩家的资金门槛过高，已经剔除了很多入选的对象。正所谓，"韩信点兵，多多益善"，在股市里，更是如此，资金越多越好、越大越好。

其次，要对各种较为真实、及时、灵通的消息，尤其是政策面消息的掌握——当然对政策的准确解读也是关键。有时候，各路精准消息的及时掌握往往会决定一场战役的输赢，在股市里也是如此。

再次，对基本面情况也有大致与整体把握和预计；不仅如此，从宏观政策到行业与具体公司的分析研究，是基础专业工作，同时做长期跟踪也是必不可少的常态动作。所以，出色玩家必然是有较强投研队伍的。

最后，也是最为重要的一点是，即要洞悉人性、透析市场运作变化规律，且能够知行合一，与市场达到合一境界，这才是得投资之道。

至于技术面，那无疑是要在掌握以上几点后的充分娴熟运用，也是知行合一的终极要求了。以上几点，即为出色主力玩家所必须具备的条件。

假如，市场中真有一些如此厉害的参与者存在的话，那么，他们在面对市场走势的运作和变化时，尤其是关联到市场中成交量变化时，会表现出怎样的规律特性呢？或者，他们的反应会对市场走势和成交量方面造成怎样的影响呢？相关答案详见本书前面章节的介绍——毕竟这就是我们试图想要寻觅的真相所在，更是股市量价分类分析之关键所在，同时也是对主力运作行为的规律特征的准确揭示。

第二节
四字箴言解密主力运作规律

通过市面上口传或者文字记述得知，所谓庄家运作手法可简单归纳为四个字：建、拉、洗、离。

围绕这四字箴言，结合走势所处不同阶段和节奏做分阶剖析，可以了解主力痕迹和目的。

例如，在建仓阶段，主力目的是如何才能够获取更多、更便宜的"筹码"？市面中流传各种各样的手法，但最终目的是一样的，于是才有了洗盘的动作。所谓洗盘，是为了实现获得更多、更便宜筹码的目的——不明真相的中小投资者往往经受不住洗盘，而忍痛割爱放弃筹码——并且放弃的价格十分低廉，使主力在低位捡得更便宜的筹码。与此同时，洗盘另一个目的是斩掉竞争对手。如果未来有另一个竞争对手，跟你一样，在你家隔壁倒卖货物，而且与你大打价格战，卖价总是比你便宜，你的利润自然会少很多，甚至到最后不赚钱。所以，为了防患于未然，建仓和洗盘之际，率先要将竞争对手打败，尤其是潜在的竞争对手，建筑起自己的"护城河"。

当收集的筹码，或者叫"货物"，塞满一整大仓库时，那么，主力（商家）又会干什么？自然就是想办法倾销了。

在此，我们得先思考一个问题：好价钱是怎样出现的？毕竟卖出的价钱越好，才会有更多利润产生。为此，结合股票的特性看，好价格往往是涨出来的，某股票价格越是涨，那么在市场上越受关注、越聚集人气，越可能完成交易。所以，拉升环节是必然的，主力只有通过拉升股价，才能吸引市场上更多人关注和聚集更多人气，因此拉升是必须使用的手段。尤其是大市不怎么好的时候。在大牛市里，可能缘于整个市场做多氛围，市场情绪往往亢奋，所以，很多时候不需要主力的拉升，股价就已经往上直窜，直接帮主力省掉很多事，主力因此赚得更多。

过了拉升阶段，最后就是全身而退、获利离场了。这一阶段主力或许也会做一些假动作，用以混淆视听、蒙蔽市场参与者。如此得以实现顺利、彻底抛售货物，清空仓库，完成全部操作的任务。

当然，针对以上四字箴言的描述，我们仍存有质疑，那就是，市场中真的有这么神奇的庄家存在吗？真的能够一切随愿在市场中完成建仓、洗盘、拉升、直到出货整个近乎完美的过程与目的吗？岂可知，这一切果真能实现，那可不是一般人能够做得到的。此外，还有一点质疑就是，股价真的能够被操纵吗？还是能够被操纵的只是市场参与者们的情绪呢？

是的，说到根本上，我们还在质疑市场之中会有如此厉害的角色存在，他能够呼风唤雨，可以掌控一切。而是以为，某些所谓的主力之所以能够做到，可能源于他们不过是认识和掌握了市场演变规律而已，包括走势或形态，还有成交量等演变的规律。于是，他们只不过是在做着遵循规律、顺势而为的事情罢了。与其说是是顺势，不如说是顺应市场规律而为。

第三节
走势衰竭时动力系统的表现特征

假如真的存在犹如上述四字箴言那般情况的描述话，那么，从建仓、洗盘、拉升，到离场各个阶段，在价格走势和成交量上必然都会有所体现。用更为准确的表述是，至少都会留下一丝痕迹和印记。而我们反复在探讨研究的价格走势规律，包括本书中介绍的，要结合成交量要素。也就是说，将量价结合起来研究。经此之后，我们发现和找到了市场中存在的所谓的量价分类特征。并且通过对这些规律特征的了解与掌握，能够提升我们实际操作和交易水平。

对于建仓、洗盘、拉升和离场四个阶段，如果全部展开讨论和解析，可能会是一个浩大工程。基于本书主题要求、篇幅有限，或者从更为重要性、实用性的角度出发话，对于建仓和离场时表现出来的规律特征的掌握，则最为重要和关键。尤其是离场时，更值得我们慎重对待。我们暂以主力离场全部过程为例展开解释说明，试图寻找到走势完成和量能结合演变时的变化规律，从而指引当下操作。

通过对大量实例观察研究发现，主力在真正实现离场时，必然会留下某种痕迹和印记。结合诸多实例观察发现，主力离场最终会暴露走势衰竭的特征。那么，衰竭现象从出现到完成，全程又具有怎样的特点呢？这是我们接下来要进行和展开的工作。

假设市场存在这样的角色，即所谓优秀的主力玩家的话，那么，我们曾在形态学的走势规律探讨中将这些所谓的走势规律作为"玩家"的角色"画"了出来。在接下来的探讨中，我们将进一步展开介绍说明。

通过此前探讨，任何级别中的走势，在完成并发生转折时，除了走势形态、结构、节奏等规律特征外，在力道（量能、量价）方面，必然也存在某些规律特性。具体结合下图案例理解。

如图6-1所示，为2015年6月，沪指最高涨至5178点的走势图。该上涨走势经历三个涨势段（图6-1中分别标示的上升1段、2段、3段），在中途出现两个较为明显的当前级别的中枢结构后，待到上升3段出现，即进入走势的终结段，也为形态学中所谓的背离段。目前，我们在此主要探讨上升1段、2段及3段（最高至5178点）分别终结时，所对应的量能、量价演变情况，即股市力道在上升段中所存的演变规律特性。

在上升趋势中，所谓的力道性质必然是多头唱主角，并主导整个市场的走势，但"革命"不是速成的，而是一波三折、必然要经历多次的坎坷，才有所成效。于是乎，在多头充当股市力道主角，对应每一次坎坷时，特别是新高出现后，多头与之相反性质的空头力道之间进行博弈时，形成某些规律特征。

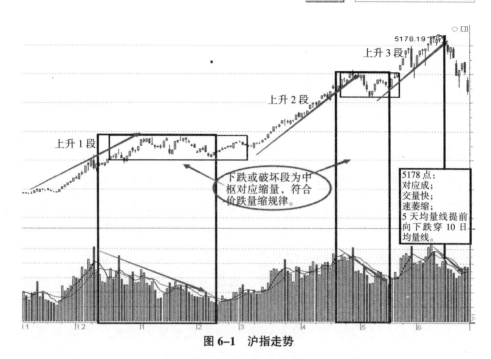

图 6-1 沪指走势

图中标注文字：
- 上升 1 段
- 上升 2 段
- 上升 3 段
- 5178.19
- 下跌或破坏段为中枢对应缩量，符合价跌量缩规律。
- 5178 点：对应成；交量快；速萎缩；5 天均量线提前向下跌穿 10 日均量线。

　　探讨规律性之前，我们先交代清楚一些原则，原本，在常规的量价变化性质里，是恒态的表现规律，即价涨量升、价跌量缩。这种恒态特征，尤其在价格走势呈现成完整段、趋势运作时更是如此。并且我们还应牢记，要将量能和走势结合分析研判，假如量能变化规律失去了完整走势段相对应，那么，所得出的分析结论必然是片面的。

　　回到主题，至于上升走势中量价结合的演变，具体会有怎样的特征出现呢？

　　以笔者列举的图 6-1 为例，该图描述的是一个完整上涨趋势案例，无论是上涨三个段，还是两个破坏段，都对应了走势段终将会完整完成其构造的特点（无论涨跌还是横盘，均是如此）——正如前面所做的交代，同时，各个走势段都对应了力道变化特征，而我们据此揭示出股市力道演变规律。

　　例如，观察图 6-1 中的三个上升段，在其完整完成、开始出现走势破坏特征时，在走势转折的拐点处，必然对应了多头力道与前一段比较

（往往是内部次小级别中量能）时，出现缩量的情形（下跌趋势时复杂一点，需要另做探讨）。如果在实际运用之中遇见这种情况，完全可以将此特征作为辅助研判走势是否会发生转折的重要参考点之一。后面事实证实了这一点。

不仅前面上升 1 段、2 段如此研判，3 段更是如此，尤其是在上升 3 段尾端的 5178 点出现之前，无论是在当前级别中，该段完成时所对应的量能明显萎缩，还是其对应的次小级别走势中，在完整完成时最后一走势段时，对应的量能也出现明显的缩量特征——这说明多头力道在经历三轮较大级别上涨之后，同时在次小级别中又经历三轮三个上升走势后，多头力道均出现了非常明显的衰竭特征。既然得知大小主次级别的多头力道出现共振式的衰竭现象，则意味着作为分力的空头之力，将会由暗处走向明处，乃至逐步接管和主导走势未来的方向，最终使走势发生转折和出现拐点。后市出现走势转折和形成拐点的概率增大。5178 点不排除是转折拐点，后市看跌。此后事实证明了这一点。

由上所述，总结得出这样的结论：

无论是上涨走势还是下跌走势，在完整完成时，其衰竭特征在走势和成交量上都会有所体现，有时候是非常明显典型特征——例如量价背离，或者成交量放出巨量，又或者萎缩至地量水平。具体展开的话，在走势方面，往往至少经历三个同类型走势段，与两个破坏段；成交量方面，重点是在最后一个走势段出现时，其对应的成交量往往会出现异常现象：或放大、或缩小，或者与价格严重不匹配，即发生所谓背离现象。有了背离特征出现，即可预示走势面临发生转折的可能性。

另外，由于主次大小级别之间存在包含关系，譬如，一个主级别走势段在同阶段次小级别中包含了一个完整三升两降的趋势构造结构，当该次小级别完整完成这样的五个走势段构造时，意味着主级别完整完成一个走势段。同时，在次小级别中每个走势段对应的量能变化情况如图 6-1 所示：上升 1 段完成时，对应了明显量价背离特征，包括上升 2 段、3 段也是如此——据此，我们相信，在次小级别中，这三个上升段会有更为详细具体的量价背离情况的展示出现。

虽然听起来有些复杂，但我们必须要懂得并接受这个规律特性。基于我们所处观察级别的不同，所以对两者得出的结论也是不同的。主级别或者只是完成一个走势段，但同阶段的次小级别完成一个符合趋势构造结构。小级别走势不过是大级别拆开放大了观察的版本。两者共振表达同一个意思是需要严密注视。

除此之外，我们还需要强调几点原则，否则这种所谓量价结合分类分析将会失去效用，至少以下几点，我们需要谨记：一是股市力道分析必须与任意级别完整走势段相结合起来，两者缺一不可，犹如皮与毛之间的关系；二是越是接近尾声的走势段，当出现量价背离和量能明显萎缩特征时，说明力道出现衰竭，走势发生转折的概率越来越大——此规律特性适合于任何周期级别的分解结论。此外，还有一个规律，当级别越大，出现走势转折后，破坏段走势持续的空间和时间都将随之放大。反之，则越小。

以上所举的例子是以沪指大盘为例的。如果对大盘这种走势和量能演变规律结合分解，尤其是走势趋于衰竭特征的演变是符合本章节主旨的，那么，这是否同时是对所谓庄家或主力玩法揭秘呢？

我们认为，基于大盘走向往往暗含着更大主力的行为特征，所以，对其走势和量能演变特征的揭示及说明，是非常具有代表性的。至少这种规律特性的揭示，即使不是对所谓市场最大主力行为的揭示，也是对市场本质规律的揭示。

上述所列举的案例是上升走势中多头力道所主导并呈现出来的规律情况的展示，如果是空头主导的下跌走势中股市力道演变情况，又将会出现怎样的规律特征呢？我们认为，规律是一样的，只是观察分析时反过来观察即可。

本部分最后所提炼出的结论中，强调了股市力道（成交量）要与走势段（走势完整完成为基础）结合分析，否则此种分析就毫无意义。为了解答清楚这些疑问，在后面我们将陆续解答。

第四节
实例剖析主力运作规律（以万科 A 为例）

为了能够精准剖析主力玩法，我们以万科 A 为实例讲解，如图 6-2 所示。

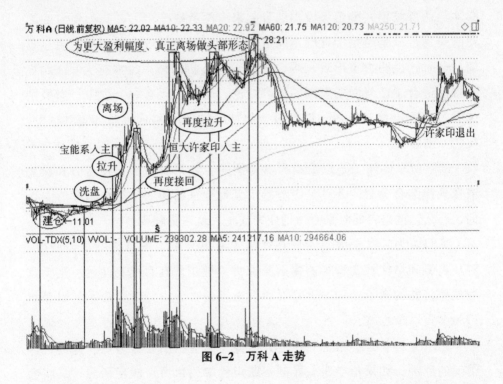

图6-2　万科A走势

截取时间区间是 2015 年 6 月至 2017 年 9 月 28 日，价格范围是上升趋势在 11.01~28.21 元。

我们用主力玩法的四字箴言进行详细的"路演"，全程解说该期间内，主力是如何实现建仓、洗盘、拉升和离场的？

在开始之前，先交代一下当时的背景——指万科 A 股价跌至 11.01 元时，具体是 2015 年 9 月 29 日这一天——在距离股灾发生 3 个月后，万科股价或许缘于基本面支撑，所以跌幅不大，很快就得以修复，至少表现明显要强于整个大盘。当大盘经历一轮摧枯拉朽式暴跌后，整个市场正处风声鹤唳之际，3000 只股票绝大部分的表现也不难想象，但成分好的股票，背后的主力玩家必有所行动和表现。而其中的万科 A，就是幸运的一只，已经受到主力关注和青睐——这一点从技术分析看，如从量价的演变规律上，即可知晓一二。至于其根本影响因素是什么？后面再做交代。

主力四字箴言的玩法，且看下面万科 A 的具体分解。当股价跌至 11.01 元时，走势完成一下跌趋势，主力必然依照该规律特性，该买时则买，甚至下跌至 11.01 元之前，就已经开始买了，至少目前应该是建仓的最佳时机。为此，我们通过观察股价和成交量的情况，还发现以下特点：股价跌至最低 11.01 元时，成交量持续萎缩并开始走平，此后股价略有反弹，回到前面一个中枢平台上，对应量能略微有所放量，但并不明显。不过这已经是典型主力暗中建仓的技术性特征体现了。

那么，建仓结束的技术信号和标志特征又是什么呢？还得通过洗盘才能看得出来。

正如此前所说，主力进行洗盘的目的，除了收集更多便宜筹码和挤压竞争对手外，其实还有其他目的，如试探市场反应——通过上涨时观察有无抢筹资金，通过下跌时看看有无松动筹码，毕竟还要防范其他主力暗中偷袭，突然来个出货，而将自己套在场内。在市场上，自己不是狼，那就成为别人的羊。只有通过洗盘动作，方能验证和确定当前该股所处状况，以及目前主力对此股的掌控情况。只是洗盘成功和完成的技术特征又会怎样呢？回看图 6-2 洗盘阶段时，我们观察到，股价略微上行，并再度上行一个中枢平台，对应成交量也略有放大一点——这是很典型主力洗盘行为的体现：为了兜住股价不跌破建仓成本线，即使进行下跌时洗盘，也不至于造成太大损失，同时不让其他陪玩的持股者过于恐慌而丢掉筹码，从而损失人气，促使股价过快下滑，甚至跌到主力建仓成本线以下。如若这样，前面建仓所花费的心机就白费了，一切要重头来过了。不仅如此，就连拉升时也不可以用力过猛，造成股价上升太快太高，否则，也会增加自己成本，或者吸引更多跟风盘，跟自己抢筹码。

如此说来，洗盘是一个技术活，上涨或者回撤都得注意，掌握好了，力度不能太重，也不能过轻，否则都会坏事。

洗盘结束，接下来就是拉升阶段了。如果不拉升，就难以受到市场关注，就无法实现最后一步倾销货物、成功离场的目的。

当然，拉升是需要付出代价的，可是如何实现最小成本完成拉升，又能够完成出货离场的目的，这不仅是个技术活，还是个费力活儿。一般来讲，主力都会用自己的手法完成拉升阶段，可是如果又有运气相伴，刚好碰上其他主力逢高逢涨建仓的话——直接使股价进入拉升状态，若能如此，那正中下怀。

如图 6-2 所示，正当主力拉升过程中，我们从新闻报道中了解到，宝能系于 2015 年 12 月中旬开始，在二级市场上大量买进万科 A 的股票。这使市场原本的猜测得以验证，万科 A 强于大盘逆势上涨的原因得以证实。

我们暂且不去猜测或者质疑主力玩家是否早已提前得知宝能系将要入主万科 A，所以才会有前面建仓、洗盘和拉升的行动呢？此处，我们只是想利用这个众所周知的实际案例，以揭示和还原某主力玩家的手法及过程。同时顺便探讨一下，在面对一些突发且主力自身都不可预料的情况时，应做出怎样的反应，应实施怎样的措施去应对？

正如拉升阶段，媒体继续报道，宝能系以"野蛮人"形象和姿态出现在万科 A 的面前，而万科 A 灵魂人物王石公开发文，不欢迎这位野蛮人。经此渲染，万宝大战拉开序幕。股价却在随后几天继续飙升。据说，宝能系姚老板继续在买万科 A 股票，貌似对王石的态度根本不理睬。

就在万宝股权之争的口水战四起之际，很多人却忘记了此时此刻谁将会是最大赢家呢？——我们当然是指当下的赢家，而非未来多少年之后的赢家，毕竟在股市里永远最为向往那句"一万年太久，我们只争朝夕之输赢"。

这个时候主力已经可以出货了，毕竟自 11.01 元上涨以来，涨到最高 22.92 元止，股价已经翻倍，获利非常丰厚。此外，观察拉升过程中，出现了典型的量价背离——股价不断新高，可是量能却持续萎缩的情况。不排除主力会在这样的过程中偷偷出货。何况为了应付宝能系的野蛮入侵，万科 A 突然宣布公司停牌，而且一停就是大半年的时间。

至此，我们复盘前面整个过程，主力绝对是大赚特赚，尤其是遇到宝能系这样的大块头主力进场时，不断大笔买进时，主力更是因此轻松获利出局。当这一阶段告一段落，直到半年后，万科复牌。新的高潮又来了。

复牌后，万科 A 股价快速下跌，连续跌去 30% 还多。由此说明，此前逢高出货是正确的，至少跌至 15.23 元后，高达 30% 跌幅，如今回看是正确的操作。但主力是否就这样结束了，不会再有新的操作动作了呢？我们接下来又看到这样的量价特征：

当股价跌至 15.23 元后，成交量开始在相对低位温和放量，不再进一步缩量，此后不久，股价慢慢回升到 16 元后，放量继续保持，股价更是从未跌破 16 元一带，量能虽有反复，但整体收阳线，继续保持温和放量特征——这就是主力再度偷偷买进筹码的行为最佳证明。

这种情况持续到 2016 年 8 月上旬，市场上又突然传来一个重大消息：恒大系（许家印）入主万科 A，在二级市场大量买进万科 A 股票。在这一阶段，股价持续放量上涨，一口气涨到 26.89 元。万科 A 出现首个历史以来最高价格，于是后面持续长达 4 个多月之久，直到 2016 年 11 月底，围绕 26~28.21 元一带持续做区间震荡的中枢结构。主力却以时间换空间，最终达成其更大的出货目标。

基于前面涨幅过大，主力要想全身而退，兑现和锁定更大的利润，则需要花去漫长时间，完成顶部构造过程。但无论如何，我们前面说过，主力进场，或者离场，最终都会留下痕迹。此时此刻也是如此，在主力意图离场之际，而后来新进的两大主力（宝能系和恒大系）又消耗过大，或者是其完成了预期的建仓计划，暂停买进动作了，所以，走势上就会出现波折，而不可能再像此前那样一路飙涨。

基于此，万科 A 走势进入高位中枢震荡结构。在节奏上，"一而再、再而衰、衰而竭"的特征就会显示出来，回看图 6-2，果真如此！我们在此期间还发现以下特点：

一是走势上符合我们说的完整性特点，节奏上出现 1、2、3 三个高点——往往走势出现衰竭，都具有这样的结构特点。

二是成交量方面，与走势出现明显背离特征。越往后，成交量越小——虽然区间没一个上涨段有时候也会放量，但从整体上看，还是以缩量为主。

三是趋势指标明显与走势背离。

综合以上三个特点，万科 A 走完最后一个上涨段，直至创出新高 28.21 元时，出现走势大转折，形成拐点就不足为奇了。事实也证明，后面出现长达半年的下跌走势。

以上所列举案例万科 A，并且是在暴露了至少两大新进主力意图情况下的实例。我们通过技术层面，主要是股价的走势与量能结合的演变情况，并结合市场确定证实了的消息面一起对所谓主力行为的特性做出全程解读。

解读全程，其最大的亮点在于，主力离场之时，体现在量价上的特征最为明显，也非常便于我们做出相对准确的判断和操作策略。技术维度的研判使我们即使在没有掌握该标的内幕情况下，或者未来看涨预期时，还能够通过量价演变特征而得出相对准确的研判结论和制定相应的操作策略。

但话又说回来，假如我们能够以一名局内人的身份提前知晓某标的，例如，上述案例中的万科 A，在将来要面临至少两大主力买家，即宝能系和恒大系入主的消息时，作为主力会如何布局和操作呢？如果真是以局内人身份提前就知道的话，那么，以上操作手法就是再简单不过的小儿科，尤其是洗盘和拉升阶段，几乎不用主力玩家动手、操什么心，就都能够快速实现。但这种做法必然触犯内幕交易，最终会出问题。

　　但假如主力并非局内人，他只是通过长期跟踪观察其走势和量能演变情况，发现万科 A 走势在技术层面符合了某种规律特性，所以，他才采取了某种应该有的行动而已。凑巧的是，他操作对了，则成为那幸运儿。

　　假如我们排除了主力早已提前得知宝能系和恒大系后面要入主的事实，假如以上分析和猜测又均成为事实，那么，我们是否应该感慨，围绕万科的主力玩家的厉害程度有多高超了吧？

　　同时这种高超程度，又令我们质疑，至少对围绕和事关万科 A 的精准消息的掌控程度令人惊叹无比。如果没有能够掌握这么精准的消息，预计到宝能系和恒大系会先后入主万科的话，笔者相信主力是难以如此得心应手的。

　　这也是我们一直以来所困惑的，为何一场战争有人总是觉得取胜比登天还难，可是天才将领们却总是轻松自如，取胜犹如囊中取物那么简单？这种差别背后的根本原因是否在于，谁更加能够掌握对手的真实意图和全部信息呢？正所谓"知己知彼，百战百胜"！

　　在本章的最后，交代一句：

　　如果你认为市场中存在某位庄家或主力玩家的话，那么，就把本书中所揭示出来的量价规律特性，当作是该名庄家手法和行为痕迹的表现特性。那么，在实际操作中，只要我们认准了这一点，并能准确识别出了庄家的这种规律特性后，接下来就是跟随玩家进出即可。

　　可是如果你始终认为，市场中没有这么厉害的角色存在，不承认有所谓操控一切的庄家存在的话，那么，就请把我们所揭示出来的规律特性，当作市场客观的规律特性看待吧。同样，在进入市场参与实操时，你所需要做的，只是和那些精明玩家一样，遵循和依照市场规律，该进则进，该出则出。